河南省校地科技人才共享模式构建研究

吴阳阳　著

延吉·延边大学出版社

图书在版编目（CIP）数据

河南省校地科技人才共享模式构建研究 / 吴阳阳著
. -- 延吉 : 延边大学出版社，2024. 5.
ISBN 978-7-230-06629-7

Ⅰ. ①河… Ⅱ. ①吴… Ⅲ. ①地方高校－技术人才－人才培养－培养模式－研究－河南 Ⅳ. ①G649.2

中国国家版本馆CIP数据核字(2024)第111639号

河南省校地科技人才共享模式构建研究

HENANSHENG XIAODI KEJI RENCAI GONGXIANG MOSHI GOUJIAN YANJIU

著　　者：吴阳阳
责任编辑：韩亚婷
封面设计：文合文化
出版发行：延边大学出版社
社　　址：吉林省延吉市公园路977号　　邮　　编：133002
网　　址：http://www.ydcbs.com　　E-mail：ydcbs@ydcbs.com
电　　话：0433-2732435　　传　　真：0433-2732434
印　　刷：廊坊市广阳区九洲印刷厂
开　　本：710mm×1000mm　1/16
印　　张：13
字　　数：220 千字
版　　次：2024 年 5 月 第 1 版
印　　次：2024 年 5 月 第 1 次印刷
书　　号：ISBN 978-7-230-06629-7

定价：78.00元

前　言

校地人才共享是指高校与地方之间，通过合作与协调，建立人才交流的渠道和机制，促进人才的相互了解和合作。具体形式包括学者互访、教师到地方挂职、地方专业人员到高校进修等。构建河南省校地科技人才共享模式，旨在充分发挥河南省内高校、企业及科研机构等组织的人才优势，促进人才培养、科技创新和社会服务的深度融合，推动科研成果的转化和应用，从而提高地方产业的技术水平，促进区域经济的创新发展。

本书共七章：第一章对本书的研究背景与研究意义，以及研究的理论基础与相关概念进行介绍；第二章对河南省校内科技人才共享的原则和要点、人才共享系统与人才共享的模式类型，以及人才共享模式的可能性进行论述；第三章分析科技人才集聚对区域创新产出的影响；第四章探讨河南省校地科技人才共享存在的问题及解决对策；第五章对河南省校地科技人才共享进行多元探索；第六章对我国典型区域科技人才的共享进行比较分析；第七章以案例的形式，对郑洛新国家自主创新示范区人才共享模式的构建进行详细阐述。

在撰写本书的过程中，作者得到了业界同人的大力支持，参考并借鉴了多位学者的专著、论文以及相关研究成果，在此表示感谢。由于作者水平有限，再加上时间仓促，书中的疏漏和不足之处在所难免，恳请各位读者提出宝贵意见，以便今后修改完善。

吴阳阳

2024 年 4 月

目　录

第一章　绪论

在当今时代，世界发生了巨大变革。蓬勃发展的互联网、物联网等新技术让世界连成了整体，不断更新的支付手段带来了全球资源和资本的大转移。不难发现，在当今时代，人才是经济社会活动的重要主体及主导力量，人才共享是区域经济一体化的重要标志之一。

第一节　研究背景与研究意义

一、研究背景

在影响经济运行的所有要素中，人是最为关键的要素。在当今时代，人才一般具有以下几个特点：一是具有专长性。人才是具备某专长或能力的个体，是某个领域的专家，具有举足轻重的作用，其人力资本价值较高。二是具有进取心。相较于普通人力资源，人才拥有更强烈的成就动机，他们积极向上，希望能充分实现自身价值。三是具有自主性。人才普遍具有较强的自我控制、自我管理的能力，基于自我认知和意愿行事。四是具有稀缺性。人才是个体先天潜质、后天教育以及环境熏陶综合作用的结果，对于社会来说，人才是一种珍贵的资源。五是具有创新性。人才具有一定的思考能力、问题解决能力，容易提出新想法、新观念。六是具有流动性。人才的流动性远远高于普通的人力资源，其凭借自身不可替代的知识或技能享誉行业内外，独立性较强，易被其他组织聘用。

在当今时代，人才作为一种关键和独特的生产要素，越来越受到重视。

在当今时代，市场的供给方和需求方扩大至全球范围，资源配置也实现了全球化，各类组织在全球范围内以最为经济的方式选择最合适的资源。人才流动不再受地域限制，各类型人才可以在全球范围内有效转移。在此背景下，各个国家和地区的人才吸引和保留措施将面临新的挑战。

在当今时代，由于通信技术的飞速发展，人与人之间可以在全球范围内实现即时的信息分享与沟通交流。信息技术的革新改变了人们的工作方式，使人们的工作时间更加灵活。另外，在新经济时代，人才市场也朝着信息化、智能化的方向发展，建立准确、全面、覆盖面广的人才资源信息网络系统，实现人才资源的有效配置成为当务之急。

当今时代更是人才资源资本化的时代。当今时代的人才资源不仅仅是知识或技术的载体，也是企业投资的对象。知识、智能等因素在经济活动中的作用日益突出，知识管理能力成为企业或其他社会组织在行业内脱颖而出，提升核心竞争力的关键。各类组织更加关注员工的技能与知识掌握情况，将人才视为组织的重要财富。很多组织通过人力资本投资，不断提高组织内部人才自身的知识水平和技能水平，进而保证组织在行业内的竞争优势。

二、研究意义

本书将研究对象聚焦于科技人才，把“不求所有，但求所用”作为引才引智的重要理念，结合当前河南省的科技人才状况，研究河南省校地科技人才共享模式的构建，具有重要的现实意义。

（一）促进人才资源的高效利用和优化配置

河南省作为我国的人口大省，拥有丰富的人才资源。构建校地科技人才共享模式，可以更加高效地利用这些人才资源，实现人才资源的优化配置。具体来说，高校和科研机构的科技人才可以通过共享模式，参与到地方企业的研发和创新活动中，从而充分发挥其专业优势，推动科技创新和产业发展。

（二）推动科技创新和成果转化，提升产业竞争力

高校和科研机构作为科技创新的重要力量，拥有丰富的科研成果和大量的技术储备。然而，这些成果和技术往往难以直接转化为实际生产力，为社会发展做出贡献。构建校地科技人才共享模式，可以加强高校、科研机构与地方企业之间的合作与交流，推动科技创新成果的转化和应用。这种合作模式不仅可以加快科研成果的商业化进程，提高科研成果的转化率，还可以帮助企业解决技术难题，提高产品质量和市场竞争力。

（三）促进区域经济发展，打造创新型省份

河南省正处于经济转型和升级的关键时期，需要更多的创新动力和发展活力。构建校地科技人才共享模式，可以为河南省的经济发展注入新的活力。高校、科研机构和企业的深度合作，可以带来更多的创新机会和发展动力，推动区域经济的快速发展。同时，这种合作模式也有助于提升河南省在全国乃至全球范围内的竞争力和影响力。

（四）探索人才共享的新模式，为其他地区提供借鉴

随着经济社会的发展，人才共享成为一种新的趋势。河南省校地科技人才共享模式的实施，可以为其他地区提供可借鉴的经验和做法。通过探索和实践，相关人员可以不断完善和优化人才共享模式，为促进我国经济社会发

展做出更大的贡献。

综上所述，河南省校地科技人才共享模式构建的研究意义重大，其不仅有助于促进人才资源的高效利用和优化配置，推动科技创新和成果转化、提升产业竞争力，促进区域经济发展、打造创新型省份，同时还可以为其他地区在探索人才共享模式方面提供有益的借鉴。

第二节　研究的理论基础

本节重点围绕人才资本理论、劳动力供求理论、区域人才流动理论、协同理论及共享经济理论展开论述，以期为后续构建人才共享机制奠定理论基础。

一、人才资本理论

（一）人才资本的含义

人才资本是人力资本的核心。在人力资本中，对社会贡献最大的是人才资本。人力资本是指体现在劳动者身上，通过一定的投资途径形成的知识、技能及体力的总和。相关研究表明，人的体能、技能、智能的形成成本比为1∶3∶9，其对社会的贡献比为1∶10∶100。

人才资本以人力资本为基础，只有当人力资本积累到一定程度，使劳动力变为人才时，人力资本才能转化为人才资本。据此，可将人才资本理解为：附于具体人身上的智慧、才能等能够被用来进行创造性劳动，并能对人类做出较大贡献的智力资源禀赋。

人才资本是一个动态的概念，与劳动、创造等活动过程紧密相关。丰富的知识、超人的智慧、娴熟的技能，如果不与劳动结合，不参与创造，就只会是潜在的、凝滞的人力资本，而不会成为人才资本。

用资本的观点来看待人才是时代发展的要求。随着知识经济的发展，人们将目光从物质资本转向知识和技能。纯粹的知识是无法创造经济效益的，真正能够创造经济效益的是人身上的知识、技能，即人的才智。

才智不是天生的，需要后天培养以及个体自身的努力和社会的投资。投资沉淀在人才身上，先是转化成人力资本，继而转化成人才资本。人才资本由投资形成，一切培养、吸引、留住、利用人才所需要的投入都是对人才资本的投资。

（二）人才资本的基本特征

人才资本既有资本的一般性质，也有其特殊性。人才资本的基本特征主要包括潜在性、创新性、能动性、增值性和流动性。

1.潜在性

人才资本隐含在人的身上，看不见、摸不着，具有潜在性。从个人人才资本存量来看，智慧、技能和知识都是潜在的个人特质。这些个人特质是个人的私有信息。虽然人们可以通过文凭、资格证书等了解人才的相关信息，但这些信息通常不完整，所以人们很难准确了解人才的全部信息。

人才资本由投资形成，投资流量主要是货币形式，是有形的，但由这种流量积累的存量却是无形的、隐含的，投资主体（个人、政府、企业）未必能直接获益，所以，这有可能会影响人才资本投资者的积极性。

人才资本的潜在性决定了激励的重要性。在人才的职业生涯管理中，如何最大限度地激发人才的积极性、主动性，使潜在的人才资本被挖掘出来，无论是对人才个体，还是对社会，都至关重要。

2.创新性

人才资本区别于其他资本的显著特点是人才的劳动是一种创造性的劳动，人才资本是一种创新性资本。人才资本在使用过程中虽然有着无形磨损，如知识、技能的退化等，但从总体来看，人才资本是非常具有活力的。人才资本是创新的根本，是推动其他资本（物力资本、金融资本等）增值的重要力量。

3.能动性

人才资本是附于具体人身上的知识、智慧、技能等智力资源禀赋。人能表达意志、愿望，因而具有能动性。当人才处在宽松的环境中，被给予较大发展空间时，其就能积极主动地创造较大的价值与效益；反之，如果人才所处环境恶劣，得不到施展才华的机会，就会消极被动。

4.增值性

人才资本具有增值性。相对于物力资本，人才资本是一种动态资产，其具有的增值性源于人自身的创造性和能动性。相对于人力资本，人才资本增值范围更大，阈限更小，增值动机更强烈。人才资本增值以人力资本为基础，当人力资本存量达到一定程度时，人才资本会自觉为自身增值。人才资本增值是一个连续不断的过程，幼年及老年人群增值性较差，中青年人群增值性较强。另外，由于人才资本往往具有专用性，人才资本的增值还有赖于人才资本间的协作，并产生“1+1>2”的效果。

5.流动性

人才资本具有流动性。人才往往具有较强的自我实现动机，会不断为自己寻找实现价值的适宜场所。人才资本的流动性也受其私利性驱使，如人才通过流动，能够满足自身的经济需求、实现家庭幸福等。

人才资本是高能资本，人才拥有较高的知识水平、完善的知识结构和高超的技能。相对于人力资本，人才资本的流动范围更广、流程更长、流速更快。

（三）人才资本的运行规律

1.人才资本的价值规律

人才资本的价值由人才投资成本和人才增值两部分组成。人才投资成本是人才增值的基础，人才增值是人才投资成本最终的价值体现。

人才投资成本（下文用 K 表示）由教育投资、培训投资、配置投资等构成，是显性投资，一般可以直接用货币计量。人才增值（下文用 M 表示）一部分是人在实践中经验积累的结果，是隐性的，难以用货币计量；另一部分是人才资本的价值创造，即贡献，有的可以用物质衡量，有的无法用物质衡量。一般来说，K 越大，M 就越大。当 K 达到一定程度，可以使人进行创造性劳动，可以使 M 自觉积累时，“人”就成了“人才”。

人的生命周期的有限性决定了人才资本的时效性。人才资本会随时间的流逝丧失其作用。随着社会不断向前发展，知识和技能更新周期越来越短，这也是人才资本价值损耗的重要原因。个体只有通过不断学习以形成新的人才资本，才能满足社会的需要。

2.人才资本的价格规律

人才资本的价格虽然最终是由人才资本的价值决定的，但在现实生活中则是由供求关系决定的。供大于求，价格下跌；供不应求，价格上涨。供求关系使人才资本价格围绕人才资本价值上下波动，这就是人才资本的价格规律。

人才资本应如何定价？均衡价格论告诉我们：供求双方的力量直接决定了均衡价格，当一方发生变化时，价格就会波动，直到达到新的均衡为止。价格规律要求双向选择，对任何一方的逼迫、压制、干预，都会打破价格规律，破坏市场机制。因此，人事管理部门要努力创造平等、竞争、有序、开放的市场环境，更新人才观念，对人才资本进行定价时必须考虑市场需求。

人才资本的能动性决定了人才资本定价的特殊性。一方面，人才资本定价要能对人才产生激励作用。人才资本定价不能一次性完成，要留有价格预期，以便当人才资本满足用人单位的需要时，再兑现或继续完成相应的定价。另一方面，人才资本的定价不一定完全是货币工资形式，而应是“价格包”形式——里面可以包含工资、奖金、津贴、股权、其他福利，乃至精神收益等。

3.人才资本的流动规律

在市场经济条件下，人才资本的流动受人才资本的平均利润率规律支配（人才资本的平均利润率主要表现为人才资本收益率），人才资本不断流向平均利润率高的部门、行业、地区，流向最能发挥其作用、体现其价值的地方。这就是人才资本的流动规律。

当今时代，科学技术日新月异，全球性的经济合作规模不断扩大。伴随经济全球化进程的不断加快，人才资本的流动范围更大、流速更快，且日益呈现出国际化流动的趋势。

人才资本的流动规律与连通器原理类似。在连通器两端，存在挤压和吸纳的矛盾。在挤压力大、吸纳力小的一端，人才资本向相反方向流动；在挤压力小、吸纳力大的一端，人才资本向自己一方流动。形成挤压力的主要因素有：传统就业体制、传统就业观念、工作环境压力、精神压力等。形成吸纳力的主要因素有：工作岗位、工资与福利待遇、发展机会、融洽的工作环境等。对不同类型、不同层级的人才资本，用人单位应采取不同的挤压与吸纳手段。

人才资本的流动还涉及流通渠道问题。造成流通渠道不畅的主要原因有：地方和部门保护主义带来的人事条块分割、户籍制度的人为阻碍、人事流动信息传播的不充分、人才市场的不规范、流动成本过高、社会保障体系不完善等。为此，相关部门要为人才资本的流动创造条件。人才资本只有在不断流动的过程中，才能获得价值收益。

二、劳动力供求理论

（一）劳动力供给理论

1.劳动力供给的内涵

劳动力供给可以从微观和宏观两个方面进行理解。微观层面的劳动力供给指的是个人的劳动力供给。影响个人劳动力供给的主要因素有受教育水平、家庭因素、工资率、政府政策等。其中，受教育水平指的是个人接受教育或者技能培训的程度，工资率是影响个人劳动力供给的最基本因素。宏观层面的劳动力供给指的是一个国家或者一个地区的劳动力供给总体状况，一般来说包括劳动力供给的质量和数量。其中，劳动力供给的质量主要体现为劳动力的素质（劳动者的心力等），以及劳动效率。

2.劳动力供给决策

劳动力供给依赖于劳动者的理性思考。劳动者进行劳动力供给决策的基本出发点是获得最大效用价值。劳动者个人或家庭的劳动力供给决策较为复杂，涉及多方面影响因素，既有经济因素，也有非经济因素。为便于分析，现进行如下假设：劳动者在劳动过程中追求实现自身效用的最大化；劳动者的工作时间和闲暇时间总是有限的；劳动者自身不能决定市场工资率，只能据此决定自己的劳动供给时间；同一劳动市场的劳动人员是同质的。

“工作—闲暇”决策模型认为，个人拥有一定的教育和工作经历，能够使其拥有一定的劳动技能。个人必须在工作和闲暇之间作出选择，来合理安排时间，使得自身效用最大化。工资率与劳动力供给之间存在对应关系。当市场工资率发生变化时，预算约束线将随之变化，劳动者也会对自身劳动供给行为进行调整，重新寻找可实现自身效用最大化的均衡点。这使得劳动者在不同的市场工资率水平下，会安排与之相对应的劳动供给时间，以实现其效用的最大化。

3.影响劳动力供给的因素

劳动力供给包括微观和宏观两个方面，由此，影响劳动力供给的因素也可以分为微观和宏观两个方面：

（1）微观因素

影响劳动力供给的微观因素除工资率外，还有个人财富、生命周期、家庭情况及个人偏好等。一是个人财富——个人财富增加时，个体倾向于降低劳动时间而增加闲暇时间；二是生命周期——在人的一生中，市场劳动力供给往往呈倒 U 形，即青年和老年阶段的劳动力供给低于中年阶段；三是家庭情况——家庭中丈夫与妻子劳动力供给决策的确定具有一定的互补性，即当丈夫的工资水平提高时，妻子通常会减少工作时间，从而减少劳动力供给；四是个人偏好——个人对劳动与闲暇的偏好有所不同，如果劳动者本身喜欢工作，希望最大限度地发挥自身的价值，其会选择增加劳动时间和劳动供给。

（2）宏观因素

影响劳动力供给的宏观因素主要包括劳动力资源、劳动参与率等。

一是劳动力资源。影响一个国家和地区的总体劳动供给的因素为人口的年龄结构、性别结构及文化结构。一个地区的劳动年龄组的人口占比越高，其能提供的劳动力供给就越多。通常而言，男性的劳动产出较女性来说更多，因而人们认为男性占比较高时劳动力供给也较多。一般来说，受教育程度越高的群体，其产出会更多。

二是劳动参与率：即使一个地区拥有很多的劳动力资源，但是在劳动者参与劳动的积极性不高的情况下，该地区的总体劳动力供给状况也不会得到改善。

（二）劳动力需求理论

1.劳动力需求及其特征

劳动力需求指的是雇主在一定时期内，在特定条件下愿意并且能够雇佣的员工数量。劳动力需求具有以下特征：

第一，劳动力需求具有派生性。雇主对劳动力数量和质量的需求不是由雇主自身根据主观意愿决定的，而是根据劳动生产效率和劳动者所参与生产的产品价格决定的。

第二，劳动者的需求数量是雇主出于利润最大化的考虑，根据劳动者参与劳动后能取得的劳动收益和劳动者的使用成本的比较而决定的。在现实生活中，如果其他生产要素不变，只有企业劳动力的投入成本发生变化，那么当企业增加边际劳动力时，其所获得的劳动边际收益必须要远远大于劳动边际成本，才能实现利润的最大化。

第三，劳动力需求是雇主的意愿和能力相匹配的结果。雇主即使有意愿增加劳动者，但是其并不具备扩大生产、雇佣更多劳动者的能力，也不能增加劳动力需求。

第四，劳动力需求具有联合性。生产要素包括很多，企业通常是将劳动力这种资源和其他生产要素相结合，以生产出相应的产品。企业在雇佣劳动者时，不仅要考虑劳动力的需求，也需要考虑其他的生产要素。除此之外，劳动力和劳动力市场是一种新的联合劳动需求，企业不仅要考虑劳动力的市场需求，还需要考虑其他生产要素的劳动供求关系。

2.劳动力需求类型

劳动力需求可以分为两类：一类是追求利润最大化的企业对劳动力的需求；另一类是追求效用最大化的家庭和政府部门等对劳动力的需求。下面主要分析企业对劳动力的需求。

企业生产可以分为短期生产和长期生产。在企业的短期生产过程中，企业劳动投入量可变，而其他生产要素投入不变，企业产量变动通过劳动力投入的改变而改变；在企业的长期生产过程中，企业各种关键要素的投入量都是可变的，包括劳动、资本等。企业的产量变动要考虑劳动力投入成本与其他要素投入成本，通过成本对比来确定劳动力需求量。

（1）完全竞争劳动力市场条件下企业短期劳动力需求

在完全竞争条件下，企业面临的劳动力供给曲线弹性无限大，说明企业面临的劳动力市场保持均衡不变的工资率。企业的劳动边际成本指的是每增加一单位劳动力投入所变化的企业成本。在完全竞争的市场经济环境下，企业增加的总成本为向员工支付的工资。

通常来说，劳动的边际收益受企业所处的市场结构的影响，一般有两种情况：

第一种情况：当企业处于完全竞争市场中时，产品的需求曲线是需求弹性价格为无穷大的一条垂直线。企业可以根据市场的均衡价格去出售产品。因此，企业出售产品得到的边际收益等于产品价格。企业通过增加劳动力投入成本所获得的收益就等于劳动的边际产量与产品边际价格的乘积。也就是说，企业增加边际劳动投入所获得的产品边际价值，等于一个企业的劳动边际收益。

第二种情况：当企业处于不完全竞争市场中时，产品需求曲线为一条负斜率曲线。企业为了增加产品的销售量，就必须降低产品价格。因此，企业每增加一单位的产品销售量，获得的产品边际收益会远低于产品价格。

从以上两种情况看，无论企业处于哪种竞争环境，其为了实现利润最大化都需要满足以下基本条件，即最后一个劳动力雇佣所带来的企业边际收益恰好等于再次雇佣该单位劳动力时企业所支付的边际工资。

（2）不完全竞争劳动力市场条件下企业短期劳动力需求

在不完全竞争市场条件下，企业所面临的市场劳动力供给需求曲线通常是一条正斜率曲线。因此，企业只有增加劳动者的工资，才能增加劳动力雇佣量。

在不完全竞争的劳动力资本市场中，企业通常按照生产要素的边际成本和产品的边际收益来确定劳动力雇佣需求。此时，劳动者可以获得的边际工资低于在完全竞争市场条件下可以获得的平均边际工资，企业的劳动力雇佣需求也小于在完全竞争市场条件下的劳动力雇佣需求。

（3）企业长期劳动力需求

在长期工业生产过程中，企业的各种要素投入量都是可以改变的。因此，企业在追求长期利润最大化时，需要对各生产要素的投入比例进行综合调整。

根据劳动成本经济学原理，如果一个企业的日常生产经营只涉及长期固定资本和长期劳动力两种要素，那么企业的最优生产组合一般通过高产量产品线和低成本生产线来确定。

3.影响劳动力需求的因素

根据以上分析，影响劳动力需求的因素无论是长期的还是短期的，都对企业有着重要影响。影响劳动力需求的因素，具体可以分为宏观和微观两个方面：

（1）宏观因素

宏观层面上，影响劳动力需求的因素包括社会生产规模、社会经济结构、科技进步程度、制度等，下面分别对其进行详细分析：

一是社会生产规模：一般来讲，社会生产规模越大，吸收和容纳的劳动力越多，反之亦然。二是社会经济结构：不同的产业结构和所有制结构对劳动力需求具有不同的影响。三是科技进步程度：科技进步对劳动力需求具有双重影响。一方面，科技进步有助于劳动生产率的提高；另一方面，科技进步会促进劳动力需求的增加。四是制度：具体包括国家就业制度、用人制度、社会福利制度等。

（2）微观因素

从微观层面上看，影响劳动力需求的因素包括企业的生产规模、企业利润率、技术与管理水平等，下面分别对其进行详细分析。一是企业的生产经营规模：企业生产经营的规模越大，劳动力需求就越多。二是企业利润率：当边际劳动生产率为正时，企业对劳动力的需求会增加，反之会减少，以提高企业利润率。三是技术与管理水平：企业技术水平与管理水平的提高，使企业对有创造力的高级人员的需求量增加，同时也会促进企业经济效益的提高和生产规模的扩大，进而促使企业增加对劳动力的需求。

三、区域人才流动理论

关于人才流动理论的研究已有很长的历史，发展至今已取得丰硕的研究成果。现有学者多从个人、组织、区域三个层面对人才流动进行系统论证。下面主要阐述区域人才流动的含义、区域人才流动相关经典理论及区域人才流动的影响因素。

（一）区域人才流动的含义

人才流动是指人才在不同岗位、组织、行业、地区和国家之间的一种流动或转换的行为，包括人才外流和人才内流。由于人才具备高智力性、专业性、创新性和稀缺性等特征，其产生的流动往往能带来积极的正面效应，例如激发人才的潜能、保持组织的活力、提升产业集聚水平、促进知识和技术的扩散、推动人才流入地的经济增长等。

（二）区域人才流动相关经典理论

1.推拉理论

推拉理论的起源可以追溯到 19 世纪。最早对人口迁移进行研究的学者是英国的雷文斯坦（E·G·Ravenstein）。19 世纪 80 年代，他发表了一篇题为《人口迁移之规律》的论文。在这篇论文中，他提出了七条规律，主要是：①人口的迁移主要是短距离的，方向是朝工商业发达的城市的；②流动的人口首先迁居到城镇的周围地带，然后迁居到城镇里面；③全国各地的人口流动都是相似的，即农村人口向城市集中；④每一次大的人口迁移也带来了作为补偿的反向流动；⑤人口长距离的流动基本上是向大城市流动；⑥城市居民与农村居民相比，流动率要低得多；⑦女性流动率要高于男性。

在雷文斯坦研究的基础上，巴格内（D. J. Bagne）等学者提出并发展了人口推拉理论。该理论认为劳动力流动就是原部门之推力与目的部门之拉力相互作用的结果。推拉理论有两个基本假设前提：一是假设迁移行为是理性选择；二是了解原住地与目的地的相关信息。从动力学的观点看，劳动力流动是两种不同方向的力相互作用的最终结果。一种是促使劳动力流动的推力，如较低的工资收入、生产成本的增加、劳动力过多引起的失业、不利的社会与自然环境等；另一种是阻碍劳动力流动的拉力，如较高的经济收入、较多的受教育机会、较多的就业机会、较完善的公共设施、较舒适的自然环境等。综合起来，当推力大于拉力时，劳动力便流出；当拉力大于推力时，劳动力便流入。

2.配第-克拉克定律

17 世纪的英国经济学家配第（W. Petty）在其所著的《政治算术》一书中，描述了劳动力从第一产业向第二产业、第三产业转移的现象，主要内容如下：

①关于第三产业的人员及比例。配第认为，农民、海员、士兵、工匠和商人，在任何国家都是社会的支柱。其他职业多数是由于作为社会支柱的人们的癖好或过失而产生的。他将有关商品的制造、收购、销售和交换的一切活动视为产业活动。被他列入产业的，不仅有农业、牧业、制造业，还包括航海业、房地产业等。信件邮递费、国防费、船只停泊港口的手续费和停泊用具费也进入其经济分析的视野。因此，他在比较英国与荷兰、法国的国力与财富时，就不只是比较这些国家的农民、工匠的就业人数和比重，还注意到了海员、医生、神职人员、法官、兵士在“全部臣民”中的就业比例。

②关于劳动力向第二产业、第三产业转移的动因、方向和后果。配第认

为，制造业的收益比农业多得多，而商业的收益又比制造业多得多。他还指出，航海业、对外贸易业和制造业发达的荷兰，人均盈余收益比法国多出好几倍。在配第看来，不同产业之间收入水平的差异是促使劳动力在产业间转移的动因。随着各种商业产品和新奇技艺的出现，农业会衰落，农民占多数、工人占少数的情况将会改变。配第指出，劳动力由第一产业向第二产业转移的后果是人们的盈余收益增多、消费水平提高。

配第对第三次产业演变规律的揭示，后来被英国经济学家克拉克（C. Clark）称为“配第定律”。克拉克搜集和整理了若干国家劳动力在第一产业、第二产业、第三产业之间转移的资料，进一步印证了配第揭示的这一规律：随着人均国民收入水平的提高，劳动力首先由第一产业向第二产业转移；当人均国民收入水平进一步提高时，劳动力便向第三产业转移。产业结构的这种变化规律，被经济学界称为“配第-克拉克定律”。

（三）区域人才流动的影响因素

各地区之间在经济、政治、教育、科技、文化和生活等方面的非均衡性会促使人才发生流动。下面主要从经济发展水平、收入水平、产业结构、国家宏观政策、科研环境、教育环境、生活便利度这七个方面对区域人才流动的影响因素展开分析。

一是经济发展水平：从总体上看，人才大多由经济欠发达地区向经济发达地区流动，人才流动与地方经济发展水平紧密相关。

二是收入水平：人才倾向于向收入水平较高的发达地区流动。较高的工资收入不仅可以改善人才的生活条件，而且可以满足人才实现自我价值的需求。

三是产业结构：各地产业结构的不断调整和优化，以及高新技术产业、现代服务业等的迅速发展壮大，都会对人才的能力、规格和层次产生新的需求，进而促使人才在不同产业间进行转移。

四是国家宏观政策：例如，改革开放后我国陆续出台的促进劳动力流动的户籍政策，极大地刺激了城乡之间的劳动力流动。

五是科研环境：良好的科研环境有利于科研活动的开展和人才潜能的发挥。各地科研环境的差异会对人才的流动产生重要影响。

六是教育环境：一方面，良好的教育环境有利于当地人才的培养；另一方面，当地优质的教育资源、多样化的进修机会等因素也能够吸引外地人才流入。

七是生活便利度：包括交通设施、文体设施和医疗卫生设施等是否完善。完善的生活设施可以使居民的生活更加便利，对人才产生较强的吸引力。

四、协同理论

协同理论亦称“协同学”或“协和学”，是20世纪70年代以来在多学科研究基础上逐渐形成和发展起来的一门新兴学科，是系统科学的重要分支。德国著名物理学家哈肯（H. Haken）是该理论的创立者，他于 1971 年提出协同的概念，1976 年系统论述了协同理论，后来撰写了《协同学导论》《高等协同学》等著作。20 世纪 80 年代，协同理论被引入我国，初期被应用于自然科学领域，后被经济学家引入社会科学研究领域。21 世纪初，协同理论被逐步应用到区域经济发展研究领域。

基于协同理论的区域经济发展研究更加正视区域间的差异，充分考虑区域间发展的不平衡性，在此前提下强调协调地区之间、部门之间相互关系的重要性，以实现区域战略层面的经济发展目标。

（一）协同的内涵

协同是协同理论中最基本的概念，指的是复杂系统中各关联的子系统之间非线性的相互协调、相互合作、相互竞争等行为，即协同行为。

在协同行为作用下，系统会产生协同效应，即当所产生的效应经量变达到临界点时会发生质变，通过系统的自发组织，推动整个系统走向有序状态。当然，在协同行为作用下，系统也存在另一种趋势，即因各子系统的无序运动，导致整个系统走向无序状态。

可见，协同的概念主要用于描述远离平衡态的开放系统在与外界有物质或能量交换的情境下，是如何通过各子系统的协同作用，自发地形成在时间、空间和功能上的有序结构的。

（二）协同理论的主要内容

协同理论以系统论、信息论、控制论、突变论等为基础，吸取了耗散结构理论的大量营养，采用统计学和系统动力学相结合的方法，通过对不同领域的分析，提出了多维空间理论，建立了一整套数学模型和处理方案，在从微观到宏观的过渡上，描述了各种系统和现象中从无序到有序转变的共同规律。协同理论建立在多学科联系的基础上，因此协同理论的发展与许多学科的发展紧密相关。协同理论的主要特点是通过类比对从无序到有序的现象建立了一整套数学模型和处理方案，并将模型和方案推广到广泛的领域。它基于“很多子系统的合作受相同原理支配而与子系统特性无关”的原理，在跨学科领域内，考察不同系统的类似性以探求其合作规律。协同理论认为，千差万别的系统，尽管其属性不同，但在整个环境中，各个系统间存在着相互影响又相互合作的关系。应用协同理论的具体方法，可以把已经取得的研究成果，类比拓宽于其他学科，为探索未知领域提供有效的手段，还可以用于找出影响系统变化的控制因素，进而发挥系统内子系统间的协同作用。协同理论具有广阔的应用范围，它在物理学、化学、生物学、天文学、经济学、社会学以及管理学等许多学科中都取得了重要的应用成果。

哈肯在协同理论中，描述了临界点附近的行为，阐述了慢变量支配原则和序参量概念，认为事物的演化受序参量的控制，演化的最终结构和有序程度决定于序参量。不同的系统序参量的物理意义也不同。比如，在激光系统中，光场强度就是序参量。在化学反应中，浓度或粒子数为参序量。在社会学和管理学中，为了描述宏观量，采用测验、调研或投票表决等方式来反映对某项“意见”的反对或赞同。此时，反对或赞成的人数就可作为序参量。序参量的大小可以用来表示宏观有序的程度。当系统无序时，序参量为零；当外界条件变化时，序参量也变化；当外界条件的变化到达临界点时，序参量增长到最大，此时出现了一种宏观有序的组织结构。协同理论是现代系统思想发展的结果，现已成为软科学研究的重要工具和方法，为研究人员处理复杂问题提供了新的思路。

协同理论的主要内容可以概括为以下三个方面：

1.协同效应

协同效应是指由于协同作用而产生的结果，是复杂系统中大量子系统相互作用而产生的整体效应或集体效应。任何复杂系统，在外来能量的作用下或当物质的聚集态达到某种临界值时，子系统之间就会产生协同作用。这种协同作用能使系统在临界点发生质变产生协同效应，使系统从无序变为有序，从混沌中产生某种稳定结构，因此是系统有序结构形成的内驱力。协同效应说明了系统自组织现象的观点。

2.伺服原理

伺服原理是指快变量服从慢变量，序参量支配子系统的行为。它从系统内部稳定因素和不稳定因素间的相互作用方面描述了系统的自组织过程。伺服原理的实质在于规定了临界点上系统的简化原则——快速衰减组态被迫跟随于缓慢增长的组态，即系统在接近不稳定点或临界点时，系统的动力学和突变结构通常由少数几个集体变量（即序参量）决定，而系统其他变量的行为则由这些序参量支配或决定，也就是哈肯所说的系统序参量主宰系统演化的整个过程。

3.自组织原理

自组织是相对于他组织而言的。他组织是指组织指令和组织能力来自系统外部；而自组织则指系统在没有外部指令的条件下，其内部子系统之间能够按照某种规则自动形成一定的结构，具有内在性和自生性特点。自组织原理解释了在一定的外部能量流、信息流和物质流输入的条件下，系统会通过大量子系统之间的协同作用而形成新的时间、空间或功能的有序结构。

协同理论的自组织原理告诉我们，任何系统都需要与外界环境进行物质、能量和信息的交流，以维持系统生命，使系统向有序化方向发展。重大科技工程技术创新系统是一个复杂的开放系统，该系统由众多创新组织以及复杂的系统外部环境要素组成，其内部呈现非线性特征。同时，该系统不断地接收各种信息，在经过加工整理后，输出符合要求的技术创新信息。整个系统的结构在系统不断地接收信息和输出信息的过程中向有序化的方向发展和完善。

五、共享经济理论

共享经济是当今时代提及较多的词语，“使用但不占有”成为共享经济简洁、形象的表达。

共享经济最早由美国社会学教授费尔逊（M. Felson）和斯潘思（J. Spaeth）提出。对共享资源，特别是闲置资源的再利用，能够解决产能过剩、城市拥堵、大众就业难、环境污染、生态破坏、社会不公平等诸多问题。从这个角度来说，共享经济具有重要的生态价值和社会价值。

共享经济的实现，一般需要一个由第三方创建的、以信息技术为基础的市场平台。这个第三方可以是商业机构，也可以是其他社会组织或者政府。个体借助这些平台，交换闲置资源，分享自己的知识、经验，或者为企业、某个创新项目筹集资金等。

本部分主要就共享经济的内涵、构成要素、基本特征及其对劳动关系的影响作系统阐述。

（一）共享经济的内涵

迄今为止，人们对共享经济还没有得出一个统一、明确的概念。之所以存在定义上的困难，是因为不同学者对共享与分享、共享与共享经济之间关系的理解不同。一些学者认为是否获得经济收益是共享与共享经济之间最大的区别。一些学者认为共享是一种不计回报、非互惠的非经济行为，因而在商业性服务中使用这类词语不够准确。还有一些学者认为共享和共享经济是两个概念，前者讲制度变革，后者是利用技术变革形成商业模式，且共享经济虽以经济收益为核心，但也存在公益这一非核心的内容。

但无论怎样，共享经济是一种优化资源配置、实现社会高效治理的新经济模式，是基于互联网等现代信息技术支撑，由资源供给方通过技术平台将暂时闲置的资源或技能服务有偿提供给资源的需求方使用，需求方获得资源的使用权或享受服务的权利，而供给方获得相应报酬的市场化资源配置模式。在这一模式下，功能强大的市场平台能够使资源得到最优配置，实现“物尽其用”和“按需分配”，达到供求双方收益的最大化。

共享经济的实现需要以下先决条件：一是基于互联网、物联网、大数据、云计算、人工智能等技术支撑，需要以广泛的数据应用为基础；二是需要通过共享实现海量、分散、闲置资源的优化配置；三是需要通过网络市场化方式，高效提供社会服务，满足多样化的社会需求。

（二）共享经济的构成要素

共享经济由三类不可或缺的要素构成：资源供给方和资源需求方、交易平台、被交易的资源。

1.资源供给方和资源需求方

资源供给方通过平台提供过剩产能或闲置资源，以资源共享的方式实现效益增加；资源需求方则通过平台提交产品或服务使用需求，并付出某种形式的报酬，以达成自身意愿。共享经济的核心就是将供给方的闲置资源频繁易手，多次转让给需求方使用，从而形成“网络串联”的分享模式，将浪费的资源利用起来，进而提升现有资源的使用效率，实现个体福利水平的提升和社会整体的可持续发展。

2.交易平台

互联网提供了更加灵活的共享通道，改变了传统的工作方式和生活方式。而依托互联网的交易平台也使交易成本极大降低，实现了资源的高效匹配。因此，交易平台成为共享经济交易流程的中心要素。一方面，交易平台通过连接和组织交易替代传统模式中的产品生产来创造价值，形成强大的网络效应；另一方面，交易平台通过建立匹配和信任机制来实现供给方和需求方的共享对接。

3.被交易的资源

未被充分利用的资源是共享经济商业模式的必要组成部分，对这些资源的重新分配与利用（交易）是共享经济的内在要求。被交易的资源包括有形资源和无形资源。有形资源指的是各类现实物质商品和闲置资源，而无形资源则是指各类服务。在市场经济和信息技术有效结合的背景下，资源的价值被进一步放大，也将得到更充分的利用。

（三）共享经济的基本特征

1.吸纳性

互联网技术的发展不受人员规模、空间的限制，以其为基础的共享经济也因此具有吸纳性特征。一般而言，平台规模越大，吸纳的用户就越多；平台通过用户反馈或口口相传等方式不断扩大用户范围，增加平台使用频率，进而形成良性循环。另外，从平台发展的趋势来看，进出平台的条件和标准不断降低，用户可以更为自由地在不同平台之间进出。

2.包容性

对于传统商业模式而言，企业与企业之间没有过多的联系，有些企业之间还存在激烈的竞争关系，难以互相合作，且其客户群体也存在排他性。相反，在共享经济模式下，不同领域、不同规模、不同层次的平台之间的融通性、包容性较好。因此，平台与平台之间可以实现更多资源的共享，互相辅助，互相补充。这样一方面能够克服单个平台的局限性；另一方面能够实现平台与平台之间的顺畅对接，使平台外延更大、内容更丰富。

3.融合性

互联网消除了不同平台之间时间与空间上的界限，为企业提供了更为多样化的商业融合渠道。企业之间的合作由原来的产业链合作转化为价值链合作，平台间以价值趋同为核心，对原有资源进行重新整合。网络将各个层级、各个领域、各个行业的优质资源融合在一起，在加强平台相互合作的同时，拓宽了平台的整体外延。

4.灵活性

共享经济以互联网和云计算等现代信息技术为依托，因此可以更迅速、更快捷地对市场现状进行分析和判断，以了解经营范围内市场的现实需求。在现代社会，对市场的研判和对市场需求的掌控是企业持续发展的先决条件。而针对需求在第一时间做出迅速的应对则是企业超越其他竞争对手的重要因素。共享经济之所以能够得到迅速的发展，一个重要的原因就是它可以帮助企业根据市场需求的变化而快速调整自己所生产的商品或提供的服务，在瞬息万变的市场环境中以最快的速度作出反馈，从而脱颖而出，具有竞争优势。

（四）共享经济对劳动关系的影响

1.共享经济促使用工契约虚拟化

共享经济的产生与发展依赖于互联网技术的迅速发展。网络的便捷性、自由性使传统劳动关系的重要特征——组织性越来越弱化。用人单位的用工形式不再像传统劳动关系那样被固定化，而是表现为多种契约形态和组织形式。在传统劳动关系中，劳动者与用人单位之间以签订书面劳动合同为劳动契约形成的主要表现形式，随着劳动关系的不断发展和人们对劳动权益重要性的不断强化，劳动关系的判定逐渐以存在事实劳动关系为基准。共享经济使得新的用工形式再一次冲击劳动契约的形成方式，促使用工契约走向虚拟化。

2.共享经济促使组织形式平台化

在传统劳动关系中，劳动者在相对固定的时间、场所内工作，自然而然地形成了相对稳定的组织体。劳动者之间彼此熟识，共同构建起特定的工作模式，用人单位通过分派工作任务而实现产品的生产。在共享经济模式下，这种传统的生产经营组织形式发生了变化。用人单位使用相关的网络平台，省去了部分人为的干预和管理环节。原本劳动关系中人与人的交流沟通转变为数据与数据的交换、信息与信息的比对，用人单位不仅在经营模式上发生了巨大的变化，而且在组织形式上也发生了变化。

3.共享经济促使用工形式自由化

传统的建立劳动关系的方式是用人单位通过确定岗位需求、发布招聘公告、选聘录用人员等程序，层层筛选应聘人员，最终与入选的应聘人员订立劳动合同，形成劳动关系。由于共享经济具有强大的网络技术和信息数据支撑，共享经济下的劳动关系不再像传统劳动关系那样被固化，用人单位的用工形式更加自由。

4.共享经济促使用工关系多元化

不同的网络平台提供的服务不同，其与劳动者之间的用工关系也不尽相同。网络平台与劳动者之间的用工关系并非局限于一种固定的关系。这种关系有可能是劳动关系，有可能是劳务关系，也可能是上述关系的交叉。

用工形式的自由化随之带来用工关系定性上的困难问题。随着共享经济的发展，劳资双方在用工状态上早已摆脱“雇主—雇员”二元从属的束缚，而向更契合客户需求、更符合行业需要、更贴近供需关系的方向发展，用工关系表现出多元化特征。

第三节　相关概念介绍

一、共享

共享，即“共同拥有”，是一种古老的社会实践。一些学者认为共享是一种在两人或多人之间针对物的分配形式，是多方共同享有某物品的使用权。

随着社会的不断发展和进步，共享的客体不再局限于具体的有形之物，也可是抽象的无形之意，如智慧、理念、思想、精神等。

二、人才共享

基于以上对共享的理解，人才共享的概念可被界定为：用人单位打破工作时间及工作空间等方面的限制，以一种多向度的、灵活的管理模式，建立更加有效的人才共享制度，形成更加规范、有序、互利共赢的人才合作网络，实现对人才资源的合理配置和使用。这里的共享更强调个人与用人单位的自主权。人才共享是一种相对自由的人才流动方式，也是一种从更广的角度、用更高的效率匹配人才资源的新方式，能够实现人才与其他生产要素、工作岗位的最佳结合。

人才共享中的“共享”是指人才同时服务于多个用人单位，实现智力资源的多方共同享用。具体来说，就是通过有偿使用、利益驱动等形式，在不改变人才原有身份的情况下，使人才同时服务于多个用人单位，这些用人单位共同享有人才的智力资源。人才共享是一种新颖的人力资源开发和管理模式，它的优势在于能够通过新的管理方式，对人才进行跨地区、跨专业的调度和使用，优化人才组合，实现其最大效用。

实现人才共享是促进区域内人才自由流动的最佳形式。新兴技术的迅猛发展，为人才资源在区域、行业、组织间的自主灵活流动提供了可能。相对于组织和行业而言，区域间的人才共享范围更广、空间更大、形式更灵活、作用更显著。通过建立与完善相关体制、机制，区域间能够突破人才培养、使用和流动等方面的限制，最大限度促使人才在区域间灵活自主流动，最终实现区域间人才的“不求所有，但求所用”。

在实践过程中，人才共享表现为以下四个方面：

一是政策信息共享。这是实现人才共享的关键一步。只有各地的政策信息实现互通、共享，区域间的合作关系才能形成，并得以巩固。

二是人才自由流动。实现人才自由流动不仅要突破一些刚性因素限制，如户籍、住房、子女教育等，更重要的是搭建起统一、开放的人才资源共享平台，以及制定与之相配套的、全面而适用的人才自由流动保障措施。

三是人才合作培养。人才培养是人才共享中不可忽略的一环，应以区域内高端人才、特殊人才等为核心，以单位挂职、科研项目为依托，最大限度发挥人才的正向作用。

四是人才共享激励。建立一个可广泛应用的、明确有效的人才共享激励机制，能在很大程度上推进区域间协同发展的进程。

三、校地人才共享

所谓校地人才共享，指的是一种在人才共享基础上形成的人才配置与发展模式。校地人才共享的主体主要是高校与地方。更准确地说，校地人才共享是一种高校的教师和学生与地方的组织机构及企业共同开展办学、创新性工作的人才使用模式。它是一种交互式的、更大范围的、更深层次的校地合作。

校地人才共享涉及教育、科技、经济和社会发展等多个层面。校地人才共享有利于充分利用高校和地方的科研资源，包括高端人才、先进设备和实验室等，从而推动科技创新的进程。这种合作模式能够激发科研人员的创新活力，促进科研成果的产出和转化。校地人才共享也可以为科研项目提供更广阔的平台和更多的资源支持。例如，高校具有雄厚的科研实力和丰富的人才储备，而地方政府和企业则能提供实际的应用场景和市场需求，这种优势互补有助于科研项目的顺利推进和成果转化。

校地人才共享可以为在校学生提供更多的实践机会和就业渠道。通过高校与地方企业合作，学生可以更早地接触到实际工作环境，了解企业运行机制和用人要求，从而提高自身的职业素养和综合能力。这种合作模式也有助于高校培养更多符合实际需求的高素质人才。地方企业可以参与高校的人才培养过程，提供实习实训机会和职业规划指导，帮助学生更好地适应市场需求和实现个人价值。

校地人才共享能够推动产学研用深度融合，加速科研成果的商业化进程，还有助于提升地方的科技水平和产业竞争力，为经济发展注入新的活力。

要实现校地人才共享，从高校层面来讲，其需要以人力资源的需求导向为基础，使培养的人才具有未来社会发展所需的专业知识、专业技能、创新性思维；就地方性的企业与科研机构而言，人才可以通过挂职服务、参与技术委员会的工作等方式，与企业或科研机构进行合作。

四、人才共享系统

人才共享系统的核心在于“共享”二字，即打破传统的人才资源使用界限，实现对人才资源的高效利用和优化配置。

人才共享系统指的是通过建立共享服务平台的方式，将分散的人才资源进行整合和统一管理，以实现人才的高效利用和灵活调配。这个系统不仅涵盖了人才的招聘、培训、绩效管理、薪酬福利管理等各个环节，还提供了员工关系管理、组织发展咨询等多元化服务。

人才共享系统能够将不同来源、不同层次的人才资源进行整合，形成一个统一的人才库。这有助于企业更全面地了解自身的人才储备情况，可以根据实际需求，灵活调配和使用人才资源，从而使得企业能够迅速响应市场变化和满足业务需求，提高运营效率。

人才共享系统具有开放性，不仅限于企业内部使用，还可以使企业与其他企业或机构进行连接，实现更大范围内的人才资源共享。这有助于促进企业与外部环境的交流与合作，推动整个行业的发展。

人才共享系统提供了丰富多样的功能与服务，包括但不限于：

人才招聘与配置：系统可以根据企业的招聘需求，从共享人才库中筛选出合适的人选并进行推荐；还可以根据人才的技能和经验，进行合理的岗位配置。

培训与发展：系统提供个性化的培训计划和发展路径建议，帮助人才不断提升自身能力，以实现人才与企业的共同发展。

绩效管理：通过设定明确的绩效指标和考核体系，系统可以实时跟踪和评估人才的工作表现，为企业提供客观、公正的绩效评价数据。

薪酬福利管理：系统可以根据人才的贡献和市场薪酬水平，制定合理的薪酬福利政策，以激励人才更好地为企业创造价值。

员工关系与沟通：系统可以提供有效的员工关系管理工具和沟通渠道，以提高员工的工作满意度和忠诚度。

人才共享系统不仅对企业具有重大意义，还对整个社会产生了深远影响。它打破了传统的人才壁垒，促进了人才资源的自由流动和优化配置，提高了整个社会的创新能力，推动经济的持续发展和繁荣。同时，它为人才提供了更多的发展机会和选择空间，实现了人才价值的最大化利用。

第二章　河南省校地科技人才共享概述

凡益之道，与时偕行。人才是高质量发展的“第一资源”，以人才为核心的创新要素集聚能力决定着城市的核心竞争力。在河南省，引才育才、用才留才已成为各级政府共识，寻觅人才求贤若渴、发现人才如获至宝、举荐人才不拘一格、使用人才各尽其能的理念已深入人心。

第一节　河南省校地科技人才共享的原则和要点

河南省，简称“豫”，中华人民共和国省级行政区，位于中国中东部、黄河中下游，东接安徽、山东，北接河北、山西，西连陕西，南临湖北。地势呈望北向南、承东启西之势，西高东低，由平原、盆地、山地、丘陵构成；地跨海河、黄河、淮河、长江四大流域。大部分地处暖温带，南部跨亚热带，属北亚热带向暖温带过渡的大陆性季风气候。

河南省地处沿海开放地区与中西部地区的接合部分，是中国经济由东向西梯次推进发展的中间地带，是全国农产品主产区和粮食转化加工大省，是重要的矿产资源大省、人口大省，也是重要的综合交通枢纽和人流、物流、信息流中心。

针对河南省的具体情况，本节提出河南省校地科技人才共享的原则和要点。

一、河南省校地科技人才共享的原则

河南省校地科技人才共享的原则可以详细归纳为以下几点：

（一）互利共赢，协同发展

河南省在校地科技人才共享中坚持的第一个基本原则是互利共赢，协同发展。这意味着高校、地方政府和企业之间要建立起一种互惠互利的关系，通过资源共享、优势互补，实现共同发展。例如，截至 2022 年 7 月，新郑市作为全省高校数量最多（23 所）的县级市，拥有高校学生人数近 30 万，每年高校毕业生近 8 万；作为河南县域经济“领头羊”，新郑市拥有众多全国一流企业，有很多就业创业的空间。近年来，新郑市始终坚持党管人才，把人才工作摆在优先战略位置，不断完善人才政策和服务体系，持续增强青年人才储备力度，大力培育创新主体，提升了企业自主创新能力，提高了科研成果转化能力，建立了校地合作、协同创新、协同育人、联合引才用才、资源共享、合作激励等六大机制，拓宽了校地合作领域，实现了校地双方的互利共赢。这些机制不仅有助于提升高校教育质量，还能更好地满足地方经济社会发展的需求。

（二）紧密对接市场需求

河南省的校地科技人才共享还强调紧密对接市场需求。高校和企业需要密切关注市场动态和行业趋势，共同培养出符合市场需求的高素质人才。例如，许昌学院围绕地方重点产业发展需要，打造了一批具有明显产业背景和优势的特色专业群，使培养的人才能够符合市场需求。

（三）注重实践与创新能力培养

在校地科技人才共享中，河南省相关机构还应注重人才实践与创新能力的培养。高校可与企业合作，为学生提供更多的实践机会和实训基地，培养学生的实际操作能力和创新精神。高校还可以引入企业先进的生产技术和管理经验，推动教育教学改革，提高人才培养质量。

（四）建立长效机制

为了确保校地科技人才共享的持续发展，河南省应建立相关的长效机制，包括完善相关政策法规，明确各方职责和权益，加强沟通与协调，确保校地合作的稳定性和长期性。

河南省政府在校地科技人才共享中发挥着重要的支持和引导作用。政府应通过制定优惠政策、提供资金支持、搭建合作平台等措施，推动高校与企业之间的深度合作。同时，政府还应加强对校地合作的监管和评估，确保合作的有效性和成果的质量。

二、河南省校地科技人才共享的要点

（一）进一步强化人才共享的整体性观念

观念是行动的先导，整体性观念是河南省校地科技人才共享的思想基础。河南省要在全区域内强化整体性观念。具体说来，整体性观念包括下列两种观念：

1.人才资源整体性开发观念

每一地域单元的人才开发，均处在纵向的多层次区域人才空间开发的系统之中，直接受高一层次区域人才开发战略系统的约束，又均处在区域人才开发的网络之中，受到同层次的区域人才开发战略的影响。河南省人才空间开发的区域性特点，从根本上决定了对各地域单元人才资源必须进行整体性的开发。

2.区域共同发展观念

在全球化背景下，各地区发展受到严峻挑战。河南省内各地域单元只有加强区域间资源共享，构建利益共同体，把周边地区的发展作为自身发展的基础和条件，才能为本地区寻找新的发展契机和创新路径。

（二）以经济开发一体化推进人才共享

相关研究表明，在区域综合性开发母系统中，人才开发子系统与经济开发子系统的联系尤为紧密。经济开发程度决定人才开发程度，人才开发程度又对经济开发程度具有巨大的推动作用。经济开发必须依靠人才开发，人才开发应紧紧围绕经济开发这个中心来展开，并以此指导区域人才开发战略的制定。可见，推进河南省校地科技人才共享，不仅不能离开河南省经济开发一体化，而且应与河南省经济开发一体化紧密结合，以此来推进人才开发一体化。

（三）以构筑人才市场一体化为核心

要有效地推进河南省校地科技人才共享，必须坚持以市场为主导。据此，必须强化市场机制的作用。当前，河南省校地科技人才共享工作的重点应放在构筑人才市场一体化上，具体分析人才市场一体化构筑的障碍，并采取相应的举措。同时，打造人才市场一体化品牌（包括引才品牌、育才品牌）项目，积极推进人才市场一体化。政府的作用不是直接参与竞争、争抢项目、争抢外资，不是成为市场运作中的强势行为主体，而是要为人才市场一体化营造良好的环境氛围、完善基础设施、构建信息交流平台等，制定和健全各地区均认可的人才市场制度和法规。

（四）功能性机构和跨地区权威机构的规则式协调

功能性机构，是指各地方政府机构；跨地区权威机构，是指地方政府接受认可的跨地区机构；规则式协调，是指要求当事人遵守通过磋商和协议的方式所形成的明文规定（规则）。规则式协调是欧洲一体化进程中成功实践的一种新型的协调方式。在欧洲一体化初期，贸易政策的协调，主要依赖于各国功能性政府机构。当欧洲一体化进程深化到宏观经济政策协调时，协调主体由欧盟成员国政府机构向超国家机构过渡。欧盟成员国的政府机构让渡部分权力给超国家机构，与超国家机构一起参与宏观经济政策协调。政策协调的程度越高，欧盟成员国政府权力的限制也越大，转移给超国家机构的权力也就越多。

在河南省推进校地科技人才共享的初期，一些人才开发具体项目的共享协议，可以主要依靠不同地区政府机构通过磋商等形式达成。随着人才共享工作的深入，涉及全区域人才开发的重要事项，如制定全区域性人才开发法规和制定统一的人才市场制度等，协议主体应是跨地区权威机构。各市政府应让渡部分权力给跨地区权威机构，以便其进行有效协调。

第二节　基于协同理论的河南省校地科技人才共享系统分析

在激烈的人才竞争环境下，河南省面对京津两地的多方面优势，应在国家总体战略框架下，遵循人才成长的规律，积极主动顺应人才的内在需求，坚持人才“以用为本”的理念，借力京津，充分发挥自身优势，建立更加开放的人才共享系统，以最大限度和可能激发人才的积极性、创造性，盘活区域人才资源，实现人才资源的共用共享。

一、河南省校地科技人才共享系统中相关主体的作用

河南省校地科技人才共享系统涉及多个主体，分别是：国务院、河南省人民政府、人才共享单位、人才所属单位、人才服务管理机构、新闻媒体和人才。在这个复杂的系统中，不同主体扮演着不同的角色，承担着不同的责任，且这些主体间会产生相互作用。

第一，国务院负责制定全国区域协同发展战略和人才共享相关政策，在人才共享系统中发挥“指挥棒”的作用。

第二，河南省人民政府结合河南实际情况，负责制定具体、适用的政策，确保人才共享战略在河南能得到真正实施，在人才共享系统中扮演“引导者”角色。

第三，人才共享单位负责制定吸引人才的管理措施和方法，最大限度地吸引人才为本单位服务，产生“吸铁石”效应。

第四，人才所属单位在客观上对人才共享表现出支持鼓励或阻碍的不同态度，因此成为人才共享能否顺利进行的“红绿灯”。

第五，人才服务管理机构作为平台，连接人才和用人单位，在人才共享系统中扮演着“客观的第三方”角色。

第六，新闻媒体负责宣传、评价和监督人才共享情况，在人才共享系统中起到了“催化剂”和“显微镜”的作用。

第七，人才根据自身的知识、意愿以及能力等因素决定是否以“参赛者”身份加入人才共享系统，同时，在人才共享系统中，人才本身也是强有力的“竞争者”。

系统内的七大主体相互牵制、相互作用，共同推动河南省校地科技人才共享策略的顺利实施，促进不同地域人才达到供需平衡。

二、协同理论的适用性分析与核心概念应用

（一）协同理论的适用性分析

协同理论认为，研究对象如果符合系统开放、系统远离平衡态、系统内部存在非线性作用、系统随机涨落这四个必要条件，就可适用协同理论。首先，系统开放指系统与外界既有物质交换，也有能量交换，这是首要和必要条件。其次，系统在远离平衡态时才会有足够大的负熵流，才能从无序变为有序。再次，系统只有在非线性的作用下才能从不稳定状态走向新的稳定状态。最后，当系统远离平衡态时，即使是非常小的涨落也会起到巨大的作用，推动系统发生质的变化。通过非线性作用，非常小的涨落会被迅速放大形成“巨涨落”，使系统由不稳定状态走向新的稳定状态。

基于以上内容，笔者对河南省校地科技人才共享系统作如下分析：

首先，河南省校地科技人才共享系统不受地域、行政命令的约束，更多随市场的相关因素发生变化，如待遇优厚、产业集聚、政策吸引等因素均会使人才产生聚集。人才共享系统是知识、技术、资本和产业合作交流的外在形式，是开放的。本区域内外人才的开放共享，不仅能够促进本区域内外人才的合作与流动，而且有利于不同地域间的产业转型、动力转换，进而促进经济的繁荣发展。

其次，河南省校地科技人才共享系统因存在诸多制约因素，远未达到均衡状态。河南区域协同发展涉及较多的问题和挑战，非一朝一夕能够实现。围绕河南省人才一体化发展目标，很多工作尚在摸索阶段，真正意义上的人才共享仍然存在很多制约因素。目前，河南省校地科技人才共享系统依然是

远离平衡态的，该系统从无序变为有序尚需较长的时间。

再次，河南省校地科技人才共享并非单一线性问题。人才共享所涉及的问题，在一定程度上是区域政治、经济和社会问题的集中反映。系统只有在非线性作用下才能从不稳定状态走向新的稳定状态。河南省校地科技人才共享系统也只有在多种复杂因素的作用下才能从无序走向有序。

最后，在河南省校地科技人才共享系统中，许多因素都可能成为引起系统“涨落”的随机因素。随着河南区域协同发展战略的实施，该省交通日趋便利，中央和地方出台诸多优惠政策、给予多方面财政支持，人才自由流动意愿更为强烈、迫切等。这些因素都可能成为引起河南省校地科技人才共享系统“涨落”的随机因素，共同推动该系统由不稳定状态走向稳定状态。

（二）协同理论核心概念应用

将协同理论的基本思想运用于河南省校地科技人才共享系统的构建，首先要明晰以下三个核心概念：

1.序参量

序参量是人才共享系统相变前后的突出标志。此处的相变指的是达到河南人才一体化发展的临界现象。在相变之前，序参量为零；在临界点，序参量随着人才共享系统有序程度的增加而急剧增大。

目前，河南省校地科技人才共享系统和河南人才一体化发展程度一样，并未达到相变的临界点。其序参量包括整体规划、社会保障水平、交通出行便利度、产业结构、人才聚集程度、人才个人意愿等。序参量源于子系统间的协同合作，决定着系统的有序程度，同时又起着支配子系统行为的作用。控制参量继续发生变化，就会引起合作中序参量作用和地位的变化。在这一过程中，序参量之间的竞争会更加激烈。这是因为当控制参量达到一个新的阈值时，最终只会留下一个序参量，由这一个序参量单独控制系统，使系统实现更高一级协同。在这样的过程中，序参量之间的激烈竞争使人才共享系统达到新的平衡态。

2.弛豫变量

弛豫变量分快弛豫变量和慢弛豫变量两种。

在河南省校地科技人才共享系统中，诸如交通出行便利度、产业结构等参量只在短时间内对系统从无序状态到有序状态的临界现象发挥作用。当机会成本远远低于长期收益时，或是随着河南区域协同发展的逐渐深入，这些参量的影响就会变得越来越小，并对河南省校地科技人才共享系统从无序发展为有序的过程、临界现象等产生较小作用。因此，这些变量被称为快弛豫变量，也叫快变量。

此外，还存在另一类变量，如整体规划、社会保障水平、人才个人意愿等。在河南省校地科技人才共享系统从建立到发展的过程中，这些变量始终发挥作用，且得到多数子系统的响应，甚至对子系统起支配作用。也就是说，这类变量最终决定着河南省校地科技人才共享系统的发展速度和进程，被称为慢弛豫变量，也叫慢变量。

3.涨落

河南省校地科技人才共享系统存在涨落现象。该现象是指人才供需不平衡引起的微小偏差，具体而言是人才供需平衡系统可能因为某些因素而偏离平衡状态。在涨落现象消失后，该系统仍会处于平衡区。

河南省校地科技人才共享系统存在内部涨落和外部涨落两种涨落类型。其中，内部涨落是人才共享系统自身产生的，主要表现为内部体系和机制等问题引起系统运行不畅，造成人才供需不平衡。内部涨落产生的效应是局部性的，影响较小，引起系统状态发生变化的速度也非常缓慢。而外部涨落是由外部原因引起的，主要表现为河南省校地科技人才共享作为河南区域协同发展的重要内容之一，受国家发展战略的影响，加上该系统的开放性、复杂性，不可避免会受到系统外很多因素的影响，尤其是当处于某些特殊的分支点时，其涨落往往被放大。

对于河南省校地科技人才共享系统来说，涨落具有消极作用，因为涨落破坏了人才共享系统的稳定性。但是当系统远离平衡态，在某特殊分支点时，涨落作为使系统由不稳定状态形成新的稳定状态的杠杆，又起到积极的建设作用。另外，河南省校地科技人才共享系统的结构、功能和涨落之间，是相互影响和制约的关系。涨落可能引起该系统功能的局部改变，如果调整的机制不合适，这种局部改变会引起整个宏观结构的改变，并反过来决定该系统未来涨落的范围；如果调整的机制合适，则会使河南省校地科技人才共享系统愈加稳定，并最终达到人才的供需平衡。

第三节　河南省校地科技人才共享模式类型

一、“项目+人才”模式

一般而言，企业与企业之间、地区与地区之间，经常会有技术项目上的合作。技术的掌握、运用和创新依靠的是人才。区域、行业、组织间进行技术项目上的合作从本质上来说也是人才共享的一种形式。人才根据某一特定项目的流动而流动，人才参与项目的期限可视具体情况确定，也可以根据合同确定。

在政府与社会资本合作领域，存在一种 PPP（即 Public-Private-Partnership，通常译为“公共私营合作制”）模式，具体是指在公共基础设施建设、公共产品或服务提供领域，社会资本与政府间的一种合作。从体制上看，PPP 模式是宏观层面的投资体制改革，是政府的一种管理模式。受此启发，在人才共享领域，也可以建立一种 PSTPP（即 Project-Scientific and Technical Personnel-Partnership，通常译为“项目＋人才”）模式。这一模式实际上是项目与人才的捆绑模式，也是一种相对独立的人才共享模式，即人才随着项目进行共享，项目全程都有人才参与。在这一模式下，人才与项目本身存在合同关系，在项目流转和共享过程中，人才只对项目负责，不对项目供应方负责；项目供应方与人才之间不具有法律关系，也没有利益关系。

当前河南省校地科技人才共享的主要制约因素，除了平台渠道、信息沟通的问题，还缺少社会政策性的保障，以及来自原单位的阻碍。PSTPP 模式之所以被河南省部分区域采用，是因为该模式通过项目与人才签约的合作形式，既能解决社会保障异地衔接等问题，也不存在原单位的阻碍。同时按照契约精神，人才与项目依法依规进行合同签订，避免了与项目供应方之间的法律纠纷问题。另外，在 PSTPP 模式中，人才是在预知项目会异地开展的前提下才签订合同的，自然也减少了来自人才主观因素的阻碍。基于此，为提高人才共享的效率，强化人才共享的对口性、针对性和有效性，应重视推广运用 PSTPP 模式。

在 PSTPP 模式的实施过程中，政府应起到推动、促进作用，即发挥好宏观调控、保障和服务作用。一是做好政策支持，制定相关法律法规；二是加强领导，加强宣传，并开展好业务培训；三是完善服务职能，做好统筹协调、咨询建议等工作，鼓励人才广泛参与；四是制定保障人才利益的措施。

二、“人才新区”模式

为了更有效吸引并留住人才，近年来多地尝试构建了“人才特区”。例如，为深入实施人才优先发展战略，推进人才发展体制改革和政策创新，形成具有国际竞争力的人才制度优势，西北工业大学于 2014 年正式启动了“人才特区”建设工作。“人才特区”不仅在人才培养、引进、使用环节，以及育才、引才、留才的用人机制上大胆创新，而且在高校资源分配中也有所倾斜，如在政策保障、体制建设、机制运行、学科发展、平台搭建、队伍建设、经费使用、项目组织、工作模式构建等方面都拥有优先性和特殊性。“人才特区”一般都实行特色人才政策，以最大限度集聚人才、用好人才。

“人才新区”类似于“人才特区”，在某种意义上可以说是“人才特区”的升级版，是改造之后的“人才特区”。具体来说，“人才新区”是指在特定区域内，政府出台一系列人才优惠政策，采取人才供需双方可协商的、更加灵活多样的人才机制，创新性地将“无中生有”的“创智”、“拿来主义”的“引智”、“有中生新”的“培智”，以及“开放共享”的“享智”相结合，打造更加全面、立体的基于人才发展、智力共享的多样化平台，以达到人才尽其用、人才带动创业、人才吸引项目资金落地、人才促进产业集聚、人才引领科技创新目标，通过人才集聚、智力共享，带动、引领区域高质量发展的一种战略举措。“人才新区”以人才为核心，有利于打破区域界限，推动平台共建、政策互通和智力共用，能够为人才共享提供广阔的探索空间。近年来，河南省也在积极践行该人才共享模式。

河南省内各区域要形成团队意识，通过协同的方式，建立更多面向全国、面向世界的“河南人才新区”，并在创新人才政策、更好实现新区内人才共享等方面积极进行实践探索。例如，依托高新技术产业开发区等载体，共建高层次人才“创业园”、联合攻关“试验田”、成果转化“试验厂”，建立国内一流、国际先进的研发中心或分支机构；共建博士后流动站、工作站；挂牌成立研究生院（部）、研究生实践基地；等等。

河南省在打造“人才新区”的过程中，应特别注意把握自身的整体性，即进一步强化人才政策、制度的统一和衔接，不同地域要突出各自优势，以形成整体吸纳力、聚合力，让人才在河南省内各区域自由流动，实现政策共融、信息互通、人才共享。

三、“互联网＋人才”模式

近年来，互联网技术的迅猛发展为人才的培养、使用和流动带来了新的挑战，同时也提供了实现人才共享的广阔空间和便利渠道。互联网技术与传统人才合作模式的深度融合，能够更好提升区域人才共享的成效。

“互联网＋人才”模式是互联网思维的实践成果。利用信息通信技术推动互联网产业与人才共享领域的深度融合，带动科技创新，不仅能够为人才共享的创新与发展提供广阔的空间，还能在河南人才一体化发展中形成能盈利的信息产业，且产生的经济效益能为人才共享提供更好的服务与管理。

目前，河南省“互联网＋人才”模式的运用主要从以下三个层面展开：

一是依据互联网思维打造人才共享工作数字化基础。注重互联网与人才共享工作的全面融合，形成新时期区域人才共享的新业态，充分利用信息通信技术构建河南区域互联网人才大数据平台，完善人才互融互通体系。

二是依托互联网打造专业化人才共享平台。在平台上共享政府相关政策、人才供需双方供求信息、人才数据信息等；根据人才个体意愿和倾向，平台对其进行精准化数据分析和职位匹配等。

三是借助互联网技术优化人才共享服务与管理工作。在信息技术的支撑下，优化网上人才共享管理，完善网上签约、合同办理等流程，并在后续人才绩效评价、人才信息反馈、人才发展情况跟踪调查等方面提高工作效率。

四、“人才联盟”模式

“人才联盟”一般由各行各业的优秀人才组成，作为一种相对松散、广泛、灵活的组织形式，能够在推动区域人才的跨界融合、智力共享与协同创新上发挥重要作用。在区域协同发展大背景下，聚焦河南人才一体化发展目标，河南省已在多个区域践行此种模式。

通过联盟共建，用人主体“零距离”接触人才，灵活开展“人才租赁”“人才流通”等各项业务，可以打通各类用人主体间的关联通道，为人才共享搭建更多样和更便捷的路径，从而有利于实现人才价值的最大化利用。

河南省在建立“人才联盟”过程中，一要树立合作共赢意识，使各区域在发挥好自身优势的基础上形成强大合力，特别是要在项目成果转化、设备资源共建共享、人才互动交流等方面加大合作力度；二要注重搭建人才共享交流平台，夯实联盟组织基础，定期或不定期组织人才联谊会、人才沙龙及其他人才团建活动，畅通人才共享的联动渠道，促进各领域人才互融互通；三要强化组织管理创新，如成立人才共享创投基金、人才共享产业基金，以资金扶持、贷款贴息及股权共享等形式，不断吸引优质人才加入联盟。

五、“人才飞地”模式

现如今，“人才飞地”作为一种人才共享的新模式，已经被河南省及其他省份广泛采用。“人才飞地”是指注册在某区域的企业，通过在创新资源集聚的地区建立集中办公区、创业园区，搭建信息资源平台，打通人才、资金、项目流通共享渠道，实现项目孵化在异地、产业化在原区域的一种柔性引才方式，即实现孵化在飞地、产业化在本地，研发在飞地、生产在本地，前台在飞地、后台在本地的人才与创新资源整合共享方式。

“人才飞地”模式的优点在于将传统的“本地筑巢”转变为“邻凤筑巢”，通过跨行政区域建设飞地孵化器，实现研发、生产两地化。

相比其他人才共享模式，“人才飞地”模式既顾及人才的工作、生活便利，又考虑了企业的实际处境，以项目为纽带，创造更多的利益，这也使人才与企业的合作更为稳固。

此外，“人才飞地”采用市场化的运作模式，相关机构委托专业第三方进行运营，第三方统一租赁商务楼宇、代理开展招商引智、受托对接人才及研发需求；政府出台政策给予支持，但不参与管理，也不干预运营企业的经营活动，不对运行经费兜底，由运营企业自负盈亏。这样的模式不仅将政府与运营企业捆绑在一起，而且能最大限度地降低人才共享成本。

河南省是全国创新资源相对丰富的区域，特别是与京津两地距离较近，可以充分利用北京或天津的人才资源，创建有效的“创新共同体”，形成人才工作、生活在京津，服务贡献在河南的人才共享格局，实现区域间互利共赢。

六、“揭榜挂帅”模式

从国家战略角度来看，当今世界百年未有之大变局加速演进，科技实力成为国与国之间博弈的重要砝码。我国的科技创新能力直接关系到建成社会主义现代化强国和实现中华民族伟大复兴的历史进程，提倡科技领军人才挂帅出征，是站在国家发展战略高度，为科技进步提供领军人才的重要制度，具有必要性与紧迫性。

从科研实践角度来看，“揭榜挂帅”模式能解决往常科研实践与人才管理“两张皮”等问题。在过往的科研实践中，许多重大课题的负责人只能由领军人才、正高级职称的科研人员担任，青年人才、体制外科研人员有时无法直接申报国家课题。“揭榜挂帅”打破了固有模式，提倡不拘一格用人才，让人才到科研实践主战场“挂帅”。该模式立足科技创新发展实践，让人才有用武之地，具有创新性与务实性。

从人才培养角度来看，所谓“揭榜挂帅”，其核心命题其实是激励人才，此“榜”是“揭”的任务和责任，此“帅”是“挂”的许诺和授权。提倡“揭榜挂帅”，为的就是让能者上、让智者上、让勇者上。谁揭了榜、挂了帅，谁就要勇于担当该担当的责任，同时也能被赋予相应的权利。

简言之，“揭榜挂帅”是一种新型科研组织模式，把需要攻关的科研项目张榜，谁有本事谁就揭榜。在破解“卡脖子”难题过程中，“揭榜挂帅”模式正发挥越来越大的作用。

在河南省，“揭榜挂帅”模式的一般运作方式是：政府面向全社会公开、专门征集科技创新成果，并做出非周期性科研资助安排。

“揭榜挂帅”模式的主要特点为：揭榜标的公开募集、需求导向创新、申请入口全社会开放、结果导向评审、过程公平竞争、唯成果兑现奖励等。通过这一模式，项目单位能够以更加开放、创新的方式，最大限度调动全社会人才资源，以最快的速度找到切实可行的问题解决方案。

河南区域具有巨大的科技创新资源和潜能，在推进区域协同发展进程中，也有太多的科研技术难题需要攻破。“揭榜挂帅”模式作为一种有效的资源共享方式，能够在更大范围实现人才创新价值最大化，最大限度发挥人才效能，值得被推广应用。相关机构应立足河南区域功能定位，在推广“揭榜挂帅”模式时，还要特别注重瞄准世界科技前沿，建立健全以创新能力、质量、贡献为导向的科技人才评价体系，形成有利于科技人才积极创新的评价制度，让有能力的人才有机会“揭榜”、有资格“挂帅”出征。要破除论资排辈的固有思维，以揭榜者的能力、实绩为选拔标准，突出权责相称并配套相应资源，要把项目交给真正想干事、能干事、干成事的人才，以真正体现“揭榜挂帅”模式在人才资源整合共享中的作用与价值。

第四节 河南省校地科技人才共享模式的可能性分析

多年来，包括科技人才在内的各类科技创新资源在我国存在着东部与中西部地区之间、一线城市与二三线城市之间、城市与乡村之间的空间分布不均衡问题。人才“东南密而西北疏”“过度集中于大城市与大院大所”的格局不仅严重制约了广大非科技人才集聚地的科技进步，更抑制了我国全面推进创新型国家的进程。尽管许多中西部城市出台了一系列人才引进办法，但欲在短期内解决人才匮乏的问题仍相当困难。为此，如何打破原有科技人才使用的空间局限、人事关系局限，用共享思维达到引智的目的，成为目前许多科技人才匮乏区域重点探讨的问题。本节在介绍其他省份校地科技人才共享模式的基础上，对不同的校地科技人才共享模式进行比较，从而为河南省校地科技人才共享模式的完善与发展提出相关建议。

一、参考其他省份校地科技人才共享模式

（一）“飞地平台＋离岸孵化”模式

针对科技人才瓶颈，以宁夏回族自治区银川市为典型代表的一些中西部城市，积极创新人才共享模式，由“筑巢引凤”向“凤地筑巢”转变，构建了以引智引果为目的、以项目合作为载体的“飞地平台＋离岸孵化”模式。

“飞地平台”是指技术需求地通过对本土自然资源与产业状况的深入分析，拟定所需技术名录，在海内外知名科研机构（团队）中甄选合适的合作对象，通过洽谈等方式，确定合作关系，并在合作对象所在地投资建立平

台。“飞地平台”的主要运营方式是：技术需求地与合作对象所在地的政府共同出资建设平台，合作对象（科研机构或团队）以成果在技术需求地进行产业转化为目标进行基础孵化，平台管理由合作对象所在地科技主管部门、产业园区负责，技术成果孵化成功后再转移至需求地进行产业转化。

“离岸孵化”是指技术需求地政府与国内外孵化器、众创空间达成战略协议，通过对孵化器、众创空间进行孵化资金补助等方式，鼓励科技项目孵化与人才培养，并建立相应的考核机制，定期对其进行考核与补助。

现阶段，“不求所有，但求所用”的“飞地平台＋离岸孵化”模式既可以不改变人才原有空间位置与机构隶属关系，又可以实现跨区域人才智力与科研成果为本地区所用的根本目的，并且技术孵化、产业化的隔离，能够使身处“大院大所”的高端人才同时承担双重任务——在保证完成本单位科研任务的同时，亦可充分利用机构资源进行技术孵化工作。

（二）“科技镇长团”模式

2008 年 9 月，江苏开全国先河推出“科技镇长团”模式，旨在推动政府科技管理工作重心下移，打通科教资源与县域经济发展的“隔膜”，全面提升企业自主创新能力和产业竞争力。实行该模式的具体方法是：①在人才主动申请、所在单位推荐、接收单位主动商请的基础上，省级科技主管部门在各高校、院所选择、确定共享人才名单。②原单位应保留共享人才的工资、原职务，只向接收地转移共享人才的组织关系。共享人才担任县（市、区）政府副县（市、区）长、人才办副主任或科技局副局长、乡镇（街道、开发区、园区）党（工）委副书记、乡镇（街道、开发区、园区）副镇长（副主任）等职。③共享人才的主要职责是发挥科技参谋作用，立足于接收地的资源与产业发展情况开展调研工作，组织实施科技产业战略，并负责连接校（院）与地方，促进联合创新平台建设与对接科研成果转化、人才转化。其在任职期不再承担原单位的教学、科研任务。④任职期满后，由接收地出具考核报告，根据考核报告由原单位决定共享人才的后续任用情况。

“科技镇长团”模式本质上是由省级主管部门推动、校（院）科技人才支持的产业界人才“下沉”活动。这一人才共享模式一是实现了人才需求方的“全职化”人才共享，允许共享人才不再承担原单位任务，使其能够将全部精力集中于接收地的科技活动事宜；二是实现了更具激励性的共享，对共享人才的业绩衡量不再以其论文、课题、专利数量为标准，对共享人才的任职贡献能够用市场价值进行衡量，有利于共享人才获得更多的个人满足感与社会声誉，且考评结果与个人发展前景挂钩，不局限于单纯的经济收益。

（三）多机构共引、人才多重身份的校地合作人才共引模式

2017 年，温州瓯海区出台了《关于加大人才引进培养支持人才创业创新的实施意见》，允许对外部高端人才以两种身份进行引进，即高端人才人事关系留于高校，正常晋升专业技术职务和档案工资，在入高校事业编、担任教师与研究员的同时，也可以以专利作价入股并成为本地科创园区、科技企业的董事长或者高管。高端人才具有双重角色，在高校里可以利用丰富的科研资源、设备进行探索研究并对科研成果进行孵化，在企业中主要承担科研成果产业化工作，利用自身专业特长，开发新产品、新技术、新工艺，破解技术难题，助推企业走创新发展之路。

与人才双重身份相适应的是双份报酬，高校人才不仅可以享受高校年薪、安家费、项目启动资金等待遇，还可以从企业方获得地方政府的人才奖励、生活补贴和创新创业经费支持等。通过上述人才共引模式，瓯海区与温州大学、温州医科大学等高校已联合引进各类领军人才数百人。

（四）区域与第三方人才平台合作模式

区域与第三方人才平台合作模式目前已在各地区实现广泛应用。例如，

近年来，作为一站式企业服务平台的“猪八戒网”，与全国多地政府签署合作协议，以平台智库整合全国乃至海外科技人才力量，通过云端平台、线上线下组合的形式为区域政府、创业企业提供全方位、多层次、多元化和体系化的一站式服务。具体内容有：①打造围绕区域发展主体的“人才族群”社区，由于各地区在产业、民生、创业方面所面临的主要问题不同，并且引入外部智力的同时也要注重区域内科技人才力量，“猪八戒网”通过分类，将每个区域内的本土人才与外部人才纳入同一个网络社区，并通过管理服务将区域内外部人才紧密连接在一起，为解决共同的问题凝聚向心力，为区域创新发展整合各类人才力量；②“猪八戒网”为创业企业提供标识设计、软件开发、知识产权、财税等 17 个领域 600 多个品类的全生命周期服务，依托全网人才资源库，通过大数据、区块链快速实现技术需求的“肖像勾勒”，为合作对象匹配最恰当的在线服务商。

二、比较校地科技人才共享模式

通过对我国典型地区人才共享模式的介绍，可以发现每一种模式均有着各自的特点，能够为其他地区寻求外部科技人才助力本地技术、产业发展提供经验。但是，任何一种模式都有其内在的特点，必须以一定的条件、成本为基础。河南省校地科技人才共享模式的完善与发展需要参考其他地区的做法，并对不同的模式进行适用条件的比较和实施风险的比较。

（一）适用条件的比较

科技人才共享，本质上是技术需求地政府实施重大产业发展计划、示范区项目建设的外部成果助力行为。所引进的外部技术一般为高端前沿技术，所需的外部人才资源也为“大院大所”中的知名科学家与科研团队。这一共享行为具有很强的区域政府主导性。

例如，采用“飞地平台＋离岸孵化”模式，在区域自然资源的利用、产业结构与发展水平的详细诊断、关键技术与主导产业的发展规划制定、外部技术与智力合作对象的遴选与谈判、合作机制建立等一系列活动中，区域政府要具有相当强的决策、控制、协调能力。另外，飞地平台的建设与运营、共享成果与人才奖励、孵化器考核补助、孵化成功后本土转化中本地承接力量的形成等也存在着相当高的运行成本。采用“科技镇长团”模式，也需要政府有很强的主导性，“大院大所”科技人才向县域、乡镇的共享，面临着“按照什么标准选择共享”“选拔后如何向县域分配、如何考核”“人才共享期满后如何决定去留与任用”“共享人才不再承担原单位的科研、教学活动是否会对所在院所的发展有所抑制”“原单位如何在人才向外部共享过程中进行本单位考核、激励机制的重新设计”等问题，这些问题都需要实施地政府进行解决。而在区域与第三方人才平台合作模式中，人才共享的决策主体主要是区域内的科研单位、生产单位，政府只负责制定顶层人才共享制度，具体的成本由用人单位承担，这一模式能否有效推进的关键在于用人机构对外部人才的吸引力是否足够强等。

（二）实施风险的比较

上述各种人才共享模式在实施过程中，会遇到各种各样的风险。各地在选择适合自己的人才共享模式时，要对所面临的风险进行全面评估。

“飞地平台＋离岸孵化”模式在实施过程中，可能出现的风险包括以下几点：

①成本沉没风险。在政绩意识驱动下，技术、人才需求地政府可能陷入盲目追求尖端技术、尖端人才的误区，开展一些并不适应于本地区发展的项目，导致因异地育成平台与本地转化平台投入的成本沉没。

②外部控制风险。外部共享人才及所在机构出于提升本单位科研成果转

化率、提升组织与个人经济收益的目的，利用飞地平台向区域推介科研创新成果，进而导致本地区的产业发展出现外部控制风险。来自“大院大所”的高端人才对区域产业化认知与实地考察的缺乏，将会扰乱科技、经济资源的合理配置。

③本土化人才能力风险。当外部人才的创新观念、研究范式、产业化思维占主导地位时，区域内本土科研机构、科技企业的话语权就会变小，不利于区域自主创新力量的提升。

④集成性风险。对外部多元化的智力供给，整体集成化难度大，不利于区域整体“产业地图”的形成。

对于政府推动的“科技镇长团”模式，部分区域（如江苏等）内由于“大院大所”云集、高端人才储备量大，实施该模式并不会对校（院）科研、教学活动带来实质性负面影响，院校财政负担较轻。但是，具有浓厚挂职色彩的“科技镇长团”模式人才共享，可能会给县域、乡镇经济发展轨道带来频繁“换轨”风险。“教授书记”“博士镇长”任期 1 年，且要在工作目标责任制驱动下快速实现推技推产等业绩，就必须对前期区域产业规划进行重新设计、形成新发展方向，在团员快速更换的情形下，用人地表面上新平台建设成果和新项目成果丰硕，但“换轨”带来的区域产业不稳定性增强。

多机构共引、人才多重身份的校地合作人才共引模式存在的风险是：①具有主体冲突与不稳定风险。以基础前沿研究为目标的高校、科研机构，与以商业化利润为目标的企业，在用人观上存在着不一致性。在实践中，共享人才如果长期偏向学术研究与科研成果产业化的任何一方，均会导致共享主体联盟的不稳定。②具有角色冲突下的共享人才压力与低效风险。在不同的考评机制下，高校方的课题、论文、教学任务，产业方的产品项目开发与市场开拓任务，使得人才的创新成果无法有效转化，使人才产生焦虑情绪，共享绩效严重下降。

采用区域与第三方人才平台合作模式，所产生的风险基本上可以用学者刘肇民提出的“内部人”激励风险、“纯粹性”风险、“敲竹杠”风险、“外部人”道德风险进行总结。出现这些风险的原因是在缺少多机构战略协同关系的前提下，各类科技人才脱离组织合作关系框架，以自由人身份向用人方提供成果智慧，在信息不对称、约束机制难以建立的情况下，人才的违约与不道德行为的惩罚成本很低。

三、有序推进科技人才跨区域共享

（一）用人机构要树立“重其质，轻其形”的多元化共享思路

很多用人机构对于区域间、机构间的人才共享问题，均过多地关注因人才流动所导致的人才的户籍、居住地、社保、子女入学等的变动问题。对此，用人机构要树立“重其质，轻其形”的多元化共享思路，在“互联网＋”时代，上述因共享引起的人才空间转移问题是次要问题，因为人才共享的本质不是共享自然人本身，而是共享自然人的才能（包括知识、技术、方法、创意等）。显然，只要共享行为能够满足用人方获得“才能”的目的，在不改变人才空间位置的前提下，用人机构可以利用现代通信技术与在线同步社区实现跨空间、跨机构科技人员之间的即时交流。总体来说，人才共享的实现主要取决于科技人才的主观意愿，以及所在单位的制度、领导偏好所带来的支持或者干预。

（二）平衡“激励已有人才”“引进人才”“共享外部人才”关系

结合人力资本理论，如果一个区域或机构具有“高人才资本负债”结构——内部人才少、共享人才多，就会产生很大的科技产出风险，会导致更高的科技

对外依存度。因此，需要在培养、激励本地区人才与共享外部人才间寻找恰当的平衡点，基于本地区主导产业、新兴产业结构诊断，形成人才资源报告，结合地区财政水平、政府决策水平、多主体能力与意愿（例如本地区高校、企业的人才培养能力与意愿）确定人才资源需求数量、结构、形式。

此外，要以外部人才共享驱动内部人才培养。技术需求地要充分重视内外部人才在协同创新中的知识耦合与互补，积极建立双边人才参与重大技术攻关与成果转化机制，通过共享引智、外部智力向内部智力的溢出、内部智力再开发、借助共享人才所在机构培育本土化人才等步骤提升内部人才水平。

（三）推进科技人才征信与身份 ID 制度建设

相关部门应通过整合各部门、各地区的数据资源，建立一个全国性的科技人才征信平台。该平台可以记录和验证科技人才的身份信息、教育背景、工作经历、科研成果等，为用人单位提供全面、准确的科技人才信息查询服务。此外，实施科技人才身份 ID 制度，为每个科技人才分配一个唯一的身份 ID，该身份 ID 可以作为科技人才在征信平台上的唯一标识。通过身份 ID，用人单位可以方便地查询和验证科技人才的信息。同时，相关部门应建立定期更新和维护征信数据的机制，确保数据的时效性和准确性，加强对征信数据的保护，防止数据泄露。

（四）建立多主体协同与利益合理分配机制

建立多主体协同与利益合理分配机制，以促进跨区域科技人才共享，是一个涉及政府、企业、高校、科研机构等多方参与者的复杂而细致的过程。为了实现这一目标，各主体必须协同发力，构建一套完善的体系，并确立公平、透明的利益分配原则。

在多主体协同方面，首先需要明确参与协同的各方主体角色与职责。政府应发挥引导和协调作用，通过制定相关政策和规划，为跨区域科技人才共享提供宏观指导和政策支持。企业应积极参与人才共享，提供实践平台和应用场景，促进科研成果的转化和应用。高校和科研机构则应承担起人才培养和科研创新的重任，为人才共享提供源源不断的资源支持。

在利益分配方面，各方主体必须坚持“风险共担、利益共享”的原则。具体来说，各方主体应根据其投入的资源、承担的风险以及实际贡献来合理分配利益。为了确保分配的公平性和合理性，各方主体可以在协同开始前就制定详细的利益分配方案，并明确各项收益的具体分配比例和方式。这一方案应经过各方主体的充分讨论和协商，确保其能够真实反映各方的利益诉求。

此外，为了激发企业、高校、科研机构的积极性和创造性，政府还可以建立一套完善的激励机制。激励可以是物质奖励、荣誉表彰、晋升机会等多种形式，以鼓励各方在协同过程中做出更大的贡献。

第三章　科技人才集聚对区域创新产出的影响分析

人才是科技创新的第一资源。充分发挥人才的作用和功能是实现经济长期稳定增长的关键。然而，我国科技人才仍然存在流动障碍和空间分布不合理等问题，因此，分析科技人才集聚对区域创新产出的影响，具有重要的理论意义和实践价值。

第一节　科技人才集聚对区域创新产出影响的机理分析

区域创新是该区域的人们开展实践活动的具体体现之一。进行区域创新，需要该区域的人们具有科学技术产生、改进、引进、转化和扩散等一系列综合能力，并开展一系列的实践活动。区域创新系统理论正是在实践基础上归纳、总结和提炼而成的，它旨在解释和指导区域创新活动。该理论通过研究区域内不同要素之间的相互作用，揭示了区域创新对经济增长和社会发展的重要性。

一、区域创新系统的内涵

广义的区域创新系统涵盖全球创新系统、国家创新系统、地方创新系统及企业创新系统等。而狭义的区域创新系统则指介于国家创新系统和地方创新系统之间的空间创新系统，如省、市、区级创新系统等。在广义的区域创新系统层次结构中，每个层次的创新系统都有自己独有的特征和规律。一般来说，高层次创新系统以低层次创新系统为载体，并通过低层次创新系统来体现。低层次创新系统是高层次创新系统的子系统或创新元，且其行为活动受高层次创新系统的制约和支配，也就是说，低层次创新系统的发展和变化是以高层次创新系统作为背景来展开的。

目前，区域创新系统的创新模式主要分为三种：封闭式创新模式、开放式创新模式，以及介于两者之间的协同创新模式。

封闭式创新模式是过去相当长时间内的主要创新模式，由于过去一些相关部门对专利和知识产权的保护制度落实不到位，因此以企业为主的创新主体通常将创新的过程和结果视为机密，仅仅通过组织内部的科研投入来实现产品、技术或者管理的创新，以此取得在市场中的竞争优势。封闭式创新模式的优点在于通过对产品、技术或者管理的创新保护，企业能够获得阶段性的垄断利润。

随着科学技术的不断发展，企业为解决科技人才储备不足的问题，同时为了减少创新成本、缩短创新周期，开始从外部寻找创新所需要的资源。开放式创新模式应运而生。与封闭式创新模式相比，开放式创新模式促进了创新资源的整合，降低了创新成本。但是，在知识产权保护不力的地区，很多企业在采用开放式创新模式后，一定程度上减少了创新的意愿。

协同创新模式有狭义和广义之分，狭义的协同创新模式是指区域内部的企业、科研机构、高校、政府和中介机构等组织，通过区域内打造的科技创新平台进行协同合作，最终实现区域内创新能力的提升和区域创新效益的最大化。广义的协同创新模式是指区域内部各地区的社会、人口、经济和环境等因素相互协作，以此实现整个地区的效益在发展速度、结构和规模上的协同，最终通过区域协同创新来实现整个区域的协调发展，达到缩小区域内部各地区差距的目的。

协同创新模式兼顾了封闭式创新模式和开放式创新模式的优点，打破了资源的使用边界，使知识具有在区域内部各机构流动的可能，也在一定程度上对区域创新进行了保护。

二、区域协同创新模式的主体

在区域协同创新模式中，企业、科研机构、高校、政府和中介机构等主体发挥着不同的作用。

（一）企业

企业是技术创新的主要承担者。企业的规模决定一个企业的资金获取能力、对外界的反应能力、内外部交流能力和科研能力，也决定企业利用自身力量创新和利用外部资源创新的能力。

通常来说，规模较大的企业在市场中占有较多的产品份额。为维持自身在本领域的地位，企业对产品、技术等创新的意愿较强，因此会利用自己的资金和资源等优势，建立独立的研发部门，并与区域内的创新机构（科研机构和高等院校）进行合作，从事新产品、新技术的研发活动。而规模较小的企业由于缺少巨额资金的支持，通常难以建立专门的研究机构，但为了保持在市场中的活力和地位，一般会模仿大企业开展投入较少资金的研发活动。

除此之外，企业的创新部门会贯穿研发部门、市场部门和制造部门等，而这三个部门又通过市场与其他创新机构产生联系。

（二）科研机构和高校

科研机构和高校在创新活动中占有重要的地位。科研机构和高校是知识传播和创造的承担者。同时，科研机构和高校承担着为区域内企业培养和输送科研人才的重要角色，因此，可以说科研机构和高校是区域创新的发源地。

此外，科研机构和高校拥有学科、人才、科研等在创新基础方面所需要的人力和物力优势，因此科研机构和高校不仅能为区域创新系统提供人才支持和科研成果，也能从不同方面与其他机构展开合作。

（三）政府

本书所说的政府是指能够依法行使国家权力的一切机关单位，是广义上的政府。政府作为区域协同创新模式的重要参与者，主要通过两个方面对区域协同创新模式产生作用：一是政府能够通过税收、财政支出、政策引导等宏观手段为区域内的创新主体营造良好的创新环境，打造创新共享平台；二是政府通过制定相关政策，可以促进市场竞争，减少垄断，推动市场回归竞争机制。例如，20 世纪 80 年代是改革开放的初期，当时，中关村电子一条街、北京市新技术产业开发试验区初现，社会上对这一新鲜事物争议很大、质疑很多，市场机制还不健全。政府通过一系列战略性政策调整，增强了区域内组织的活力，促使其建立多样化的灵活用人制度，进而推动了这两个区域的高科技企业的发展。

（四）中介机构

中介机构在区域协同创新模式中起着资源整合与互动的桥梁作用。中介机构运行效率的高低直接影响区域协同创新模式中各主体互动效率的高低。

此外，中介机构还能为区域创新和科技转化提供资金保障。

三、科技人才集聚与区域创新产出的关联性分析

科技人才集聚是建立在人口集聚的基础之上的，要先有物理上的人的集聚，进而才能产生人才集聚效应。由此，科技人才集聚效应可定义为科技人才按照空间性、聚类性和规模性的特征在一定区域内进行聚集，在和谐环境中，这种人才相对集中所产生的作用大于各自独立作用。

科技人才集聚主要从知识溢出效应、时间效应、信息共享效应、规模效应和集聚成本五个方面对区域创新产出产生影响，如图 3-1 所示。其中，前四个为正向效应，而集聚成本会反向影响前四项效应的大小。就前四个效应来说，知识溢出效应为科技人才集聚中较为重要的集聚效应。除此之外，时间效应和信息共享效应也与知识溢出效应有一定关联。

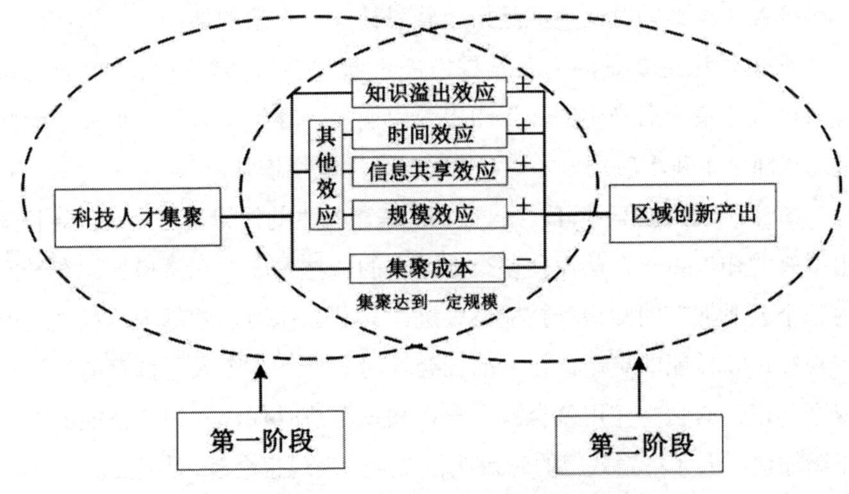

图 3-1　科技人才集聚对区域创新产出的影响

（一）科技人才集聚的知识溢出效应与区域创新产出的关联性分析

知识溢出是指包括信息、技术、管理经验在内的各种知识通过交易或非交易的方式流出原先拥有知识的主体。知识溢出源于知识本身的稀缺性、流动性和扩散性。

科技人才的集聚不仅会体现在知识的“水平”交流方面，也会体现在知识的“垂直”交流方面。每一个主体都被赋予从集合中获得的特定类型知识的权利，人才之间的异质性在共享信息和生成新知识方面起着重要作用。为了模拟人才异质性对知识交流过程的影响，考虑以下可能性：当两个人的知识水平太相近时，他们就不能完成太多的工作，也不会创造出太多的新知识；而两个人的知识差距太大，也无法创造新的知识。

（二）科技人才集聚的时间效应与区域创新产出的关联性分析

科技人才集聚的时间效应是指随着科技人才集聚的增加，知识应用周期会大大缩短。这主要是因为科学技术的不断发展与创新带来知识的更新换代，科技人才集聚后产生的知识溢出效应明显，导致科技人才群体中的知识和技术也随之不断更新，与之相对应的时效性也在增强。

在图 3-1 所指的第一阶段，科技人才集聚产生的知识溢出效应，导致知识流出原有的知识主体，从而使整个地区内的科技人才知识量增加。在一定时期内，个人所拥有的知识和技能越先进，其独立作用也就越大；反之，如果不重视知识和技能的更新，在新的社会环境条件下，个人所拥有的知识和技能就会落伍，其独立作用就会减小。在知识经济时代，知识和技能的更新速度不断加快，人才集聚效应的时效性和周期性表现也会越来越强。

在图 3-1 所指的第二阶段，时间效应能够使产品创新的周期缩短，从而使区域创新产出增加。对于新技术、新产品的时效性问题，科技人才集聚产生的时间效应能够很好地减少企业生产时效性创新产品所面临的风险，从而增加区域创新产出。随着科学技术的更新速度加快，较长的产品创新周期和知识应用周期会加大产品和知识的不确定性，从而增加创新产出的淘汰率。

（三）科技人才集聚的信息共享效应与区域创新产出的关联性分析

信息共享效应是指在人才聚集条件下信息获得者会提供免费或者价格低廉的信息。在图3-1所指的第一阶段，随着人才向某一地区持续地聚集，该区域内的人才集聚程度不断提高，区域内拥有的信息越丰富，信息共享效应就越明显。此外，集聚降低了人才在空间和时间两个维度中进行信息交流和信息分享的门槛，即人才之间共享信息的成本不断下降。与此同时，随着互联网的发展，信息传播的边际成本得到进一步降低，信息传播的形式也得到多样化发展，这些都为信息共享效应的形成提供了基础。在图3-1所指的第二阶段，信息共享是知识创新和技术创新的基础。知识创新和技术创新是循序渐进、累积叠加的过程，分散的知识和间断的技术积累很难形成创新。一方面，科技人才集聚的信息共享效应为人才进行信息分享提供了可能；另一方面，信息分享使信息传播的成本下降，会使区域的信息越发丰富，从而为知识创新和技术创新打下基础。

（四）科技人才集聚的规模效应与区域创新产出的关联性分析

规模效应是指事物从量变到质变后产生的影响。在图 3-1 所指的第一阶段，科技人才作为个体，分布在单地区，不可能产生人才集聚的规模效应。当人才集聚达到一定规模时，人才与人才之间、人才与资源之间、人才与内外创新要素之间的交流增多，可以将必要的事务程式化、管理制度集约化、共享模式规范化，以减少因人才集聚增加的摩擦和损失。

规模效应是其他效应产生的前提，也是区域创新产出的保证。相关机构应制定必要的规范化措施，以产生更显著的科技人才集聚规模效应。

（五）科技人才集聚的集聚成本与区域创新产出的关联性分析

科技人才以过高的密度集聚，会导致高层次人才的才智不能充分发挥，即出现大材小用、人才贬值的现象。从人力资本处置权的特殊性角度分析，当人才过度集聚致使人才的利益受损时，人才会迅速“关闭”或“部分关闭”自己的人力资本。由于信息不对称问题的存在，这种处置行为具有极大的隐蔽性，很难被发现。同时，这种处置行为具有暂时性，当“侵害”解除时，人力资本会自动恢复；当组织内部不能解除“侵害”时，人才可通过合法手段消除“侵害”，如另谋高就或独自创业，这种“自贬”行为会自然消亡。由此可见，人力资本处置行为的隐蔽性和暂时性促使人才进行流动，在人才流动到合适位置之前会造成人才的边际效应递减。

四、基于科技人才集聚的区域创新产出框架

基于区域创新系统和科技人才集聚与区域创新产出的关联性，相关学者构建了基于科技人才集聚的区域创新产出框架，具体如图 3-2 所示。

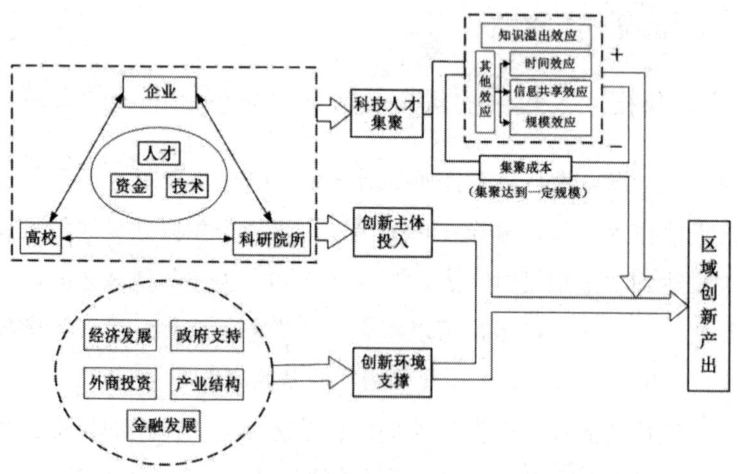

图 3-2　基于科技人才集聚的区域创新产出框架

企业、高校和科研机构是区域创新系统的主体。其中，企业是产品创新、管理创新的主要承担者，高校和科研机构主要为知识创新和理论创新单位。企业的优势在于资金资源和市场导向的创新需求，但在知识和科研创新方面存在劣势；而高校和科研机构的优势在于人才、知识和科研创新。因此，区域创新主体间可以协同互动，企业可对高校和科研机构提出自己的创新需求，并向高校和科研机构提供充足的研发资金；而高校和科研机构可利用自身的人才、知识和科研优势帮助企业实现产品和技术创新。这样不仅能促进区域创新资源的合理配置，也能促进区域科技创新产出能力的提升。

科技人才集聚、创新主体投入、创新环境支撑是区域创新产出框架的重要组成部分。从不同地区的横向比较来看，即使两个地区具有相同的科技人才数量，如果所处地区的范围不同，那么科技人才的集聚效果也不同。科技人才集聚主要从知识溢出效应、时间效应、信息共享效应、规模效应四个方面对区域创新进行正向影响，而这四个方面均会由于集聚面积的不同而对集聚效应产生不同的影响。由此看出，科技人才集聚可以作为独立的因素对区域创新产出产生影响。创新环境支撑主要包括经济发展、政府支持、外商投资、产业结构和金融发展五大要素。

五、科技人才集聚对区域创新产出的影响

为进一步说明我国科技人才集聚对区域创新产出的影响，下面借鉴知识生产函数构造区域创新产出模型。其中，区域创新产出受科技人才规模投入（来自企业、研究机构和高校）、创新资本投入、科技人才集聚效应（知识溢出效应与其他效应）以及创新环境的影响。由于知识溢出效应已被证明对区域创新产出有较大作用，因此将知识溢出效应作为中间变量，其他环境变量作为常量纳入模型之中。

在其他影响因素保持不变的前提下，科技人才集聚程度与区域创新产出总体上呈现倒 U 形关系：一定规模的科技人才随着集聚程度的增加，其交流更加方便和频繁，知识溢出效应逐渐显著，对区域创新的影响逐渐增强。但集聚到达一定程度后，会产生交通、环境等方面的问题。同时，科技人才过度集聚会使“搜寻”和“匹配”的成本上升（“搜寻”和“匹配”是指人才寻找与自己的知识容易产生知识溢出的那部分人。当科技人才之间的知识水平太过相似和相远时，均不容易发生知识溢出；只有合理的知识“距离”才容易产生知识溢出。科技人才过度集聚后，由于科技人才资源的过度集中，竞争作用大于协同作用，科技人才“搜寻”和“匹配”的意愿开始下降），科技人才集聚的知识溢出效应开始减弱。

科技人才集聚对区域创新产出产生的正向影响可以分为四个阶段，具体如图 3-3 所示。

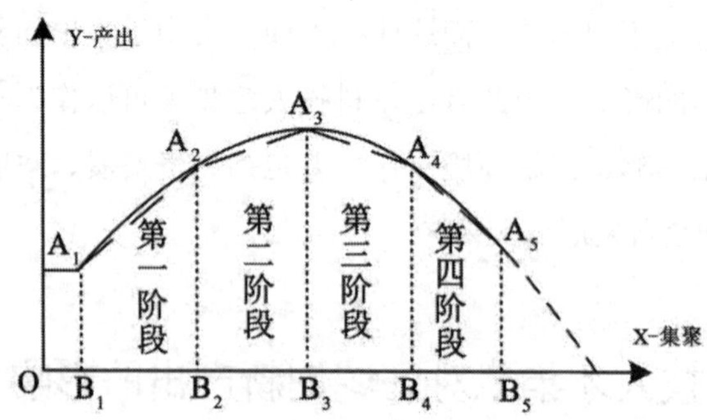

图 3-3　科技人才集聚对区域创新产出的影响分析

第一阶段为科技人才集聚的初级阶段，主要表现为科技人才集聚程度较低，因此集聚成本基本可以忽略，但科技人才集聚效应出现，如知识溢出效应、时间效应等。

第二阶段，随着科技人才集聚程度的增加，科技人才与其他人会面、协作和分享他们的想法时，知识溢出效应会随着科技人才集聚程度的增加而凸显。由于集聚成本的增加，科技人才集聚时的知识溢出速度变慢。这一阶段科技人才集聚对区域创新产出的作用仍然为正，但其边际效应小于第一阶段，科技人才集聚对区域创新产出的边际作用开始下降。

第三阶段，科技人才集聚对区域创新产出的边际效应由正向转变为负向，主要原因在于集聚达到一定程度后，科技人才在搜寻“知识空间”和“距离”时的会面、协作的成本会增加，因此知识溢出效应在到达顶点后随着科技人才集聚程度的增加而减弱。此外，人地关系决定成本，科技人才越多，其对资源、环境等的要求越高，而在固定区域内资源和环境等承载力有限，由此导致科技人才集聚成本不断增加，最后导致区域创新产出减少。

第四阶段，科技人才因集聚而产生的成本进一步增加，此时科技人才集聚对区域创新产出的边际效用为负。

第二节　科技人才集聚对区域创新产出影响的实证分析

通过第一节的理论分析可以得出，科技人才集聚程度与区域创新产出总体上呈现倒 U 形关系，并且科技人才集聚主要通过知识溢出效应、时间效应、信息共享效应和规模效应等对区域创新产出产生正向影响。本节就科技人才集聚对区域创新产出的影响进行实证分析。

一、基于 PSTR 模型的科技人才集聚对区域创新产出的影响

PSTR 模型（面板平滑转换回归模型）目前在进行变量间的非线性关系实证分析中得到了广泛应用，是面板门槛模型的一种。面板门槛模型通常设定两阶段或者三阶段的线性回归，每阶段设有一个参数值并假定参数值在门槛前后不同，参数值有一个瞬间变化的跳跃过程。而现实中，变量之间的关系往往是连续变化的，因此面板模型难以对该变化过程给予刻画，由此引入面板平滑转换回归模型对不同创新环境下科技人才集聚对区域创新产出的影响进行分析。

根据 PSTR 模型的检验原理，在将创新资本投入、经济发展、政府政策、外商投资、产业结构和金融发展作为转换变量，分析科技人才集聚对区域创新产出的非线性作用之前，需要进行统计分析以确定模型的具体形式。在确定 PSTR 模型为一个转移函数和两区制的基础上，运用非线性最小二乘法估计结果。

在不同创新环境下，科技人才集聚对区域创新产出的影响会发生显著变化。

就创新资本投入而言，当创新资本投入指数小于门槛值 7.560 时，科技人才集聚对区域创新产出的作用系数为 0.356，在 10%的水平上显著，说明在创新资本投入较少的情况下科技人才集聚仍然会发生作用；当创新资本投入指数达到门槛值 7.560 时，转换函数的数值处于 1/2 的位置，此时科技人才集聚对区域创新产出的作用系数为 2.095；当创新资本投入指数进一步增长、完全越过门槛值 7.560 之后，此时转换函数的数值为 1，科技人才集聚对区域创新产出的作用系数将稳定在 2.451。可见，随着创新资本投入的增加，科技人才集聚对区域创新产出的促进作用会一直存在。

就经济发展而言，当经济发展指数小于门槛值 1.970 时，科技人才集聚对

区域创新产出的作用系数为 0.968，在 10%的水平上不显著，说明经济发展水平较低时科技人才集聚同样无法发挥作用；而当经济发展指数达到门槛值 1.970 时，转换函数的数值处于 1/2 的位置，此时科技人才集聚对区域创新产出的作用系数为 3.254；当经济发展指数进一步提高，完全越过门槛值 1.970 之后，此时转换函数的数值为 1，科技人才集聚对区域创新产出的作用系数将稳定在 4.222。由此得出，经济发展水平的不同会影响到科技人才集聚对区域创新产出的影响。

就政府政策而言，当政府对创新的投资支持指数小于门槛值 2.130 时，科技人才集聚对区域创新产出的作用系数为 1.173，并且在 5%的水平上显著，说明政府支持的效果较为明显。而当政府支持指数达到门槛值 2.130 时，转换函数的数值处于 1/2 的位置，此时科技人才集聚对区域创新产出的作用系数为 3.054；当政府支持指数进一步提高，完全越过门槛值 2.130 之后，此时转换函数的数值为 1，科技人才集聚对区域创新产出的作用系数将稳定在 4.227。

从外商投资来看，当外商投资指数小于门槛值 3.250 时，科技人才集聚对区域创新产出的作用系数为 0.381，说明在外商投资指数较小的情况下，科技人才集聚对区域创新产出的影响并不显著。而当外商投资指数达到门槛值 3.250 时，转换函数处于 1/2 的位置，此时科技人才集聚对区域创新产出的作用系数为 2.095；当外商投资指数进一步提高，完全越过门槛值 3.250 之后，此时转换函数的数值为 1，科技人才集聚对区域创新产出的作用系数将稳定在 1.787。

从产业结构来看，当产业结构指数小于门槛值 0.380 时，科技人才集聚对区域创新产出的作用系数为 - 0.231，并且在 5%的水平上显著，说明科技人才在第一产业为主的经济结构中集聚并不利于区域创新产出；而当产业结构指数达到门槛值 0.380 时，转换函数的数值处于 1/2 位置，相应地，科技人才集聚对区域创新产出的影响系数为 1.051；当产业结构进一步优化，其指数完全越过门槛值 0.380 之后，此时转换函数的数值为 1，科技人才集聚对区域创新产出的作用系数将稳定在1.220。

就金融发展而言，当金融发展指数小于门槛值5.360时，科技人才集聚对区域创新产出的作用系数为-3.197；而当金融发展指数达到门槛值5.360时，转换函数的数值处于1/2位置，此时科技人才集聚对区域创新产出的作用系数为4.969；当金融发展指数完全越过门槛值5.360之后，此时转换函数的数值为1，科技人才集聚对区域创新产出的作用系数将稳定在1.772。

二、不同地区科技人才集聚对区域创新产出的影响

由于中国特殊的空间地缘关系，东部沿海地区科技人才集聚速度大于中、西部地区科技人才集聚速度。近年来，我国政府正在采取各种措施以促进区域的协调发展。为了充分考虑区域差异造成的科技人才集聚对区域创新产出影响的异质性，下面将全国分为东部、中部和西部三个区域，进一步探讨科技人才集聚对区域创新产出的差别。

在进行回归分析前需先对面板数据进行单位根检验，因为如果变量不是都为同阶单整，就不能直接进行回归分析。在确认各变量均为同阶单整的情况下，可对我国东、中、西部的具体回归模型进行检验。因变量分别采用专利授权量、新产品销售量和科技论文量三个指标，利用SDM+GMM模型得到我国东、中、西三大区域的回归结果。

从东、中、西三个地区来看，以专利授权量作为因变量的空间滞后和空间误差的检验结果分别为东部79.647、60.462，中部40.573、48.242，西部54.037、52.148，均在1%的水平上显著。LR滞后检验和LR误差检验的结果分别为东部41.247、41.120，中部38.457、36.676，西部53.439、51.821，同样均在1%的水平上显著。以新产品销售量作为因变量的空间滞后和空间误差的检验结果分别为东部70.277、53.349，中部35.800、42.566，西部47.680、

46.013，均在 1%的水平上显著。LR 滞后检验和 LR 误差检验的结果分别为东部 36.394、36.282，中部 33.933、32.361，西部 47.152、45.724，同样均在 1%的水平上显著。以科技论文量作为因变量的空间滞后和空间误差的检验结果分别为东部 62.965、47.798，中部 32.075、38.138，西部 42.719、41.225，均在 1%的水平上显著。LR 滞后检验和 LR 误差检验的结果分别为东部 32.608、32.507，中部 30.402、28.994，西部 42.246、40.967，同样均在 1%的水平上显著。

下面分析我国东部地区科技人才集聚对区域创新产出影响的回归结果：

首先，从回归结果的检验看，三个模型的 R^2 值分别为 0.578、0.597 和 0.652，Wald 检验值为 235.540、871.830 和 943.100，回归模型有较好的拟合效果；其次，在以专利授权量、新产品销售量和科技论文量为因变量时，科技人才集聚均产生正向影响，作用系数分别为 0.421、0.027 和 0.052，并且分别在 1%、10%和 1%的水平上显著。具体而言，东部地区科技人才集聚程度每增加一个单位，人均专利授权量增加 0.421 个，新产品销售量增加 0.027%，科技论文量增加 0.052%。比较人均专利授权量和新产品销售量的增速可知，即使改变因变量的指标，东部地区科技人才集聚对区域创新产出的影响同样显著。而比较新产品销售量和科技论文量增加的幅度可以看出，科技人才的集聚对科技论文产出的影响大于对新产品销售的影响。

下面分析我国中部地区科技人才集聚对区域创新产出影响的回归结果：

首先，从回归结果的检验来看，三个模型的 R^2 值分别为 0.671、0.555 和 0.802，Wald 检验值为 165.620、151.110 和 560.330，回归模型有较好的拟合效果。其次，在以专利授权量、新产品销售量和科技论文量为因变量时，科技人才集聚均产生正向影响，作用系数分别为 3.524、0.688 和 0.160。其中，专利授权量和新产品销售量在 10%和 1%的水平上显著，而在以科技论文量为因变量时，科技人才集聚对区域创新产出的影响并未通过检验。具体而言，中部地区科技人才集聚程度每增加一个单位，人均专利授权量增加 3.524 个，新产品销售量增加 0.688%。比较人均专利授权量和新产品销售量的回归结果可知，即使改变因变量的指标，中部地区科技人才集聚对区域创新产出的作用同样显著。而比较新产品销售量和科技论文量的回归结果可知，科技人才的集聚对新产品销售的影响大于对科技论文产出的影响。

下面分析我国西部地区科技人才集聚对区域创新产出影响的回归结果：

首先，从回归结果的检验来看，三个模型的 R^2 值分别为 0.590、0.697 和 0.583，Wald 检验值为 281.250、110.590 和 160.710，回归模型有较好的拟合效果。其次，在以专利授权量、科技论文量为因变量的模型中，科技人才集聚均产生正向影响，作用系数分别为 0.312、0.947，并且在以专利授权量为因变量的模型中，科技人才集聚的作用系数在 1%的水平上显著；而在以新产品销售量作为因变量时，科技人才集聚对区域创新产出的影响并未通过检验。具体而言，西部地区科技人才集聚程度每增加一个单位，人均专利授权量增加 0.312 个，科技论文量增加 0.947%。比较人均专利授权量和科技论文量的增速可知，改变因变量的指标，西部地区科技人才集聚对区域创新产出的影响不再显著。

从对专利授权量和新产品销售量的回归分析结果可以看出，我国东、中、西三个地区的科技人才集聚程度从东到西依次递减，科技人才集聚程度对中部地区的创新产出影响最大，作用系数分别为 3.524 和 0.688，并且在 10%和 1%的水平上显著；对东部地区的影响次之，作用系数分别为 0.421 和 0.027，并且在 1%和 10%的水平上显著；对西部地区的影响最小，作用系数分别为 0.312 和 - 0.734，其中专利授权量的作用系数在 1%的水平上显著，而新产品销售量在显著性水平上没有通过检验。从作用系数大小来说，中部和东部地区创新环境相对接近，但东部地区的科技人才集聚处在相对较高的水平，这意味着随着科技人才集聚程度的增加，科技人才集聚对区域创新产出的影响开始变小。由此导致东部的科技人才集聚程度低于中部。另外，从东、中、西三个地区的情况来看，西部地区专利销售量作用系数仅为

0.312，且科技人才集聚程度也是最低的，与理论分析的科技人才集聚程度越低对区域创新产出的影响越大不相符。此外，科技人才集聚对区域创新产出的影响还会受到创新环境的影响，而西部地区无论是社会环境还是经济环境都不如中、东部地区，因此，西部地区科技人才集聚对区域创新产出的影响也小于中、东部地区科技人才集聚对区域创新产出的影响。

三、科技人才集聚与区域创新产出的空间关联分析

我国科技人才集聚和区域创新产出是否存在空间效应是探究科技人才集聚对区域创新产出影响的重要内容。一般来说，发生在特定区域的某种行为通常会因为扩散效应和虹吸效应对周围区域造成正向或者负向的影响，而这些效应在空间经济学中表现为空间自相关。人才集聚和区域创新产出的空间自相关的定义为邻近区域存在的扩散效应和虹吸效应，导致科技人才集聚和区域创新产出的空间效应的发生。对空间效应的测度通常会采用莫兰指数，莫兰指数又分为全局莫兰指数和局部莫兰指数。其中，全局莫兰指数用来测度分析对象是否在总体上存在空间集聚、分散或者随机的现象；局部莫兰指数用来测度分析对象在局部地区的空间分布特征。

一般来说，全局莫兰指数的取值范围为[-1，1]。当莫兰指数大于0，并且Z-score正态分布在10%、5%或1%的假设水平上通过显著性检验时，表明观测变量存在正向自相关，并且指数越接近1，观测变量的自相关程度越高；当莫兰指数等于1时，说明观测变量完全正向自相关。当莫兰指数小于0，并且Z-score正态分布在10%、5%或1%的假设水平上通过显著性检验时，表明观测变量存在负向自相关，并且指数越接近-1，观测变量的自相关程度越高；当莫兰指数等于-1时，说明观测变量完全负自相关。利用全局莫兰指数对变量进行空间自相关测度也存在一定的弊端。例如，当考察的某区域观测

变量既有正向自相关又有负向自相关时，全局莫兰指数可能会因正负抵消而接近于 0，导致 Z-score 正态分布在 10%、5%或 1%的假设水平上无法通过显著性检验，从而得出区域整体不存在空间自相关的结论，这会与现实存在较大的差异。同时由于全局莫兰指数对空间自相关的测度只有一个结果，因此无法观测区域内部各地区的空间特征，需要对空间权重矩阵进行分析。

空间权重矩阵具有两个性质：一是该矩阵上对角线的元素值为 0；二是该矩阵是以对角线为轴的对称矩阵。常见的空间权重矩阵有邻接矩阵、地理距离权重矩阵和经济距离权重矩阵三种。

（一）邻接矩阵

邻接矩阵通常有两种定义的方式：一是根据区域是否有相同的边界或顶点来定义两者是否相邻，如果两个地区 i 和 j 有相同的边界或顶点，则规定W_{ij}=1，否则元素$W_{ij}=0$。常见的相邻关系有三种，即车相邻（两个区域有共同的边界）、象相邻（两个区域有共同的顶点）和后相邻（两个区域既有共同的边界又有共同的顶点）。二是根据两个地区的距离设置一个门槛距离，当两个区域的距离小于门槛距离时，矩阵中元素的值为 1；当两个区域的距离大于门槛距离时，矩阵中元素的值为 0。

（二）地理距离权重矩阵

地理距离权重矩阵通常是基于两个区域在地理坐标系中的实际距离 d 和某种算法定义的空间权重矩阵。地理距离权重矩阵比邻接矩阵更接近现实情况。一般情况下，地理权重矩阵采用实际地理距离 d 的负指数来定义矩阵的大小，当两个区域的地理距离越大，地理距离的负指数越小。通过对真实地理坐标的计算可以得出，两省市的距离越大，其空间的相互作用也就越小。

（三）经济距离权重矩阵

虽然地理距离权重矩阵较为直观，但面对复杂的社会环境，空间距离远非真实距离所能反映，区域之间还会受到经济、文化和社会风俗等诸多因素的交互影响，地理距离权重矩阵有时难以测量以上社会因素之间的影响，于是，经济距离权重矩阵应运而生。通过计算可得，两地区经济发展水平越相似，两者之间的空间依赖效应越显著，故权值越大。

由于现实中的现象较为复杂，很难用相邻或者距离等单一的指标对两个区域的关系进行说明，因此除以上三种空间权重矩阵之外，学者还会根据实际情况构造综合性的空间权重矩阵。例如，利用经济和地理因素构造经济—地理权重矩阵，这种方式克服了以往单一指标的缺陷，更能表达现实中两个区域之间的关系。

四、科技人才集聚与区域创新产出的空间面板门槛模型

通过上文发现，科技人才集聚具有空间相关性，本部分运用空间面板门槛模型分析科技人才集聚对区域创新产出影响的门槛值，为具体测算科技人才集聚对区域创新产出的边际影响打下基础。

空间面板门槛模型并不是简单的空间计量模型和门槛模型结合，而是将这两种模型的设定、检验和估计方法进行合理结合，使其成为一套具有完整逻辑的理论。目前，空间面板门槛模型的理论研究才刚刚起步，相关理论和实证研究还不完善。

目前，空间面板门槛的模型主要有空间面板门槛模型和空间过滤面板门槛模型。

1.空间面板门槛模型

空间面板门槛模型又可以分为静态空间面板门槛模型和动态空间面板门槛模型。以静态空间面板门槛模型为例，虽然一般化的模型可能面临模型识别问题，但从一般化模型开始考虑，再通过添加一系列限制来得到其退化模型，有助于厘清各模型之间的联系，也有助于识别哪一个模型对特定实证研究最合适。

2.空间过滤面板门槛模型

空间滤值法是用另一种思路来解决回归分析中的空间自相关问题的方法。空间滤值法的主要原理是将有空间相关性的变量进行某种机制的变换。这种方法可以有效地去除变量间的空间相关性，消除变量间的空间依赖关系。对变量空间相关性的过滤主要有两种方法，分别为Griffith法和Getis法。由于Griffith法复杂，下面仅就Getis法进行介绍。

Getis法的关键步骤在于将有空间相关性的变量进行某种变换，使变换后的数据能够满足传统回归分析方法的要求。具体而言，就是通过变换将变量拆分成空间关联部分和非空间关联部分。由于传统的回归分析假定变量为相对独立数据，因此对存在空间依赖关系的变量而言，传统的回归分析方法不再有效。为了得到自变量和因变量的正确关系，必须采取一定的措施对变量之间的空间依赖关系进行控制。为了达到这个目的，需要采用空间滤波法，去除变量之间的空间依赖性，再使用传统的回归分析方法对去除空间效应的那部分变量进行分析，从而得出两者的关系。当变量之间存在空间关系时，需要将空间关系纳入模型之中，从而消除变量之间的空间效应。首先对经过处理后的数据进行空间效应检验，如果处理后的数据间不存在空间依赖性，那么可随后采用一般的面板门槛模型进行相关分析。

科技人才集聚、专利授权量、新产品销售量和科技论文量等变量经过Getis法过滤后得到莫兰指数和P值。通过P值可知，专利授权量、新产品销售量和科技论文量等变量的空间相关性已经被过滤掉。

相关研究人员分别对未进行空间过滤和进行过空间过滤的科技人才集聚与区域创新产出进行了面板门槛回归分析。结果显示，科技人才集聚对区域创新产出有显著的正向作用，并且均在 1%的水平上显著，且第二阶段的科技人才集聚系数小于第一阶段。在空间过滤后的科技人才集聚与区域创新产出的门槛回归模型中，专利授权量、新产品销售量和科技论文量在第一阶段的回归系数分别为 8.633、0.998 和 1.490，并且均在 1%的水平上显著；第二阶段的回归系数分别为 3.637、0.305 和 0.029，其中回归系数 3.637 和 0.305 均在 1%的水平上显著，而回归系数 0.029 未通过显著性检验。作为对照，在未进行空间过滤的模型中，专利授权量、新产品销售量和科技论文量在第一阶段的回归系数分别为 3.392、0.138 和 0.358，并且均在 1%的水平上显著；第二阶段的回归系数分别为 1.248、－0.007 和 0.009，其中回归系数 1.248 和 0.009 均在 1%的水平上显著，而回归系数－0.007 未通过显著性检验。

从两组回归系数大小对比来看，经过空间过滤后的科技人才集聚对区域创新产出的影响无论是在第一阶段还是在第二阶段，均大于未进行空间过滤时的影响。首先，这再次表明了科技人才集聚对区域创新产出的影响存在空间效应，并且这两组回归系数也证明了无论是科技人才在低集聚阶段还是在高集聚阶段均对区域创新产出存在正向的影响。其次，该系数说明科技人才集聚对区域创新产出产生非线性影响，虽然两个阶段的回归系数均为正，但仍然与第一节中理论分析基本一致，说明目前科技人才集聚对区域创新产出的影响处在第一阶段和第二阶段。虽然科技人才集聚对区域创新产出的影响开始减小，但科技人才集聚对区域创新产出仍然存在正向的影响。

五、中介效应的进一步检验和结果分析

科技人才集聚是通过知识溢出效应、时间效应、信息共享效应、规模效

应四个方面对区域创新产出发挥正向作用。本部分为了验证科技人才集聚是否通过这四个效应发生作用，在前面模型的基础上，引入中介效应模型，并利用模型和相关数据进行进一步的检验和分析。

（一）中介效应模型的原理

目前中介效应模型的具体应用方法可以分为两种：因果步骤法和系数乘积法。其中，因果步骤法应用较为广泛，下面就因果步骤法进行说明。

因果步骤法的实施分为三步：一是自变量 X 对因变量 Y 进行回归，检验回归系数 c 的显著性。由于不涉及中介变量，所以 c 为 X 对 Y 的总效应。二是自变量 X 对中介变量 M 进行回归，检验回归系数 a 的显著性。三是自变量 X 和中介变量 M 同时对因变量 Y 进行回归，对回归系数 c′ 和 b 的显著性进行检验。如果回归系数 c、a 和 b 都显著，表示存在中介效应；如果回归系数 c′ 显著并且数值小于 c，说明该中介效应为部分中介效应；如果回归系数 c′ 不显著，说明该中介效应为完全中介效应。具体如图 3-4 所示。

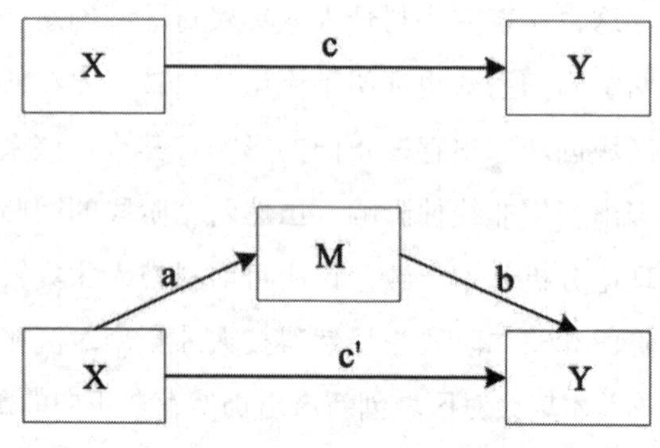

图 3-4　因果步骤法的实施

（二）中介效应的实证数据和结果分析

1.知识溢出效应的指标选择

关于知识溢出的代理变量，学术界没有统一的标准。目前知识溢出效应的指标有两类：一类为通过计算得出，另一类为直接使用某一变量作为知识溢出的代理变量。

2.时间效应的指标选择

随着科学技术的快速发展，知识的更新频率也在不断加快，人才技能的时效性也不断凸显。时间效应主要通过一定时间和区域内知识的生产量来衡量。

3.信息共享效应的指标选择

随着互联网技术的不断普及和应用，信息的传播方式从传统的纸质媒介向现代的电子媒介转变，信息共享效应也随着时代的转变表现为网络使用者的覆盖程度和频率。基于此，在衡量信息共享效应时，一般选择与其密切相关的区域计算机上网人数作为信息共享效应的指标。

4.规模效应的指标选择

规模效应是指在一定区域内，科技人才集聚到一定规模所带来的效应。由于科技人才集聚往往伴随企业和产业的集聚，因此，学者赵秀花在分析人才集聚效应时，使用的人才规模效应指标是地区生产总值、地区新产品销售收入及企业新产品开发经费。

下面分别以知识溢出效应、时间效应、信息共享效应和规模效应为因变量，以科技人才集聚阶段为核心自变量进行分析，即分析上文中 X 对 M 的回归，检验回归系数 a 的显著性。

科技人才在低集聚阶段对知识溢出效应、时间效应、信息共享效应和规模效应的作用系数分别为 0.124、0.868、0.317 和 0.406，并且分别在 5%、1%、1%和 1%的水平上显著。这表明在科技人才集聚的低阶段，科技人才集聚能够对知识溢出效应、时间效应、信息共享效应和规模效应产生影响。因此，可以进行下一步的分析，即将科技人才集聚阶段和相应的集聚效应分别纳入模型。在科技人才集聚的低阶段和高阶段，如果科技人才集聚的系数不再显著，而知识溢出效应、时间效应、信息共享效应和规模效应对应的变量显著，那么说明对应的集聚效应为完全中介变量；如果相应的集聚系数和知识溢出效应、时间效应、信息共享效应和规模效应对应的变量显著，那么说明对应的集聚效应为部分中介变量。

在科技人才的低集聚阶段，无论是知识溢出效应、时间效应、信息共享效应还是规模效应，科技人才集聚的系数均显著，说明以上四种效应均为部分中介变量。其中，知识溢出效应的系数为0.136、时间效应的系数为0.386、信息共享效应的系数为 0.794，并且均在 10%和 5%的水平上显著，只有规模效应系数不显著。这说明在科技人才集聚的低阶段，科技人才集聚主要通过知识溢出效应、时间效应、信息共享效应对区域创新产出产生影响。

在科技人才的高集聚阶段，无论是知识溢出效应、时间效应、信息共享效应还是规模效应，科技人才集聚的系数均显著，同样说明以上四种效应均为部分中介变量。其中，知识溢出效应的系数为 0.251、规模效应的系数为0.735，并且均在10%和1%的水平上显著，时间效应和信息共享效应系数不显著。这说明在科技人才集聚的高阶段，科技人才集聚主要通过知识溢出效应和规模效应对区域创新产出产生影响。

除此以外，经济发展、外商投资、产业结构等因素同样会影响科技人才集聚与区域创新产出的关系。在经济发展、外商投资等指数低于门槛值的情况下，科技人才集聚对区域创新产出并不会产生显著影响。只有当经济发展、外商投资等指数越过一定的门槛值之后，科技人才集聚才会发挥作用。而产业结构的影响表现在第一产业占据较大份额时，科技人才集聚对区域创新产出会产生负向影响；当二、三产业的比重达到 38%时，科技人才集聚开始对区域创新产出产生正向显著影响。

第四章　河南省校地科技人才共享存在的问题及解决对策

随着中国特色社会主义进入新时代，我国社会主要矛盾已经转化为人民日益增长的美好生活需要和不平衡不充分的发展之间的矛盾。深入推进实施新时代人才强国战略，坚持党对人才工作的全面领导，坚持人才引领发展的战略地位，坚持面向世界科技前沿、面向经济主战场、面向国家重大需求、面向人民生命健康，坚持全方位培养人才，坚持深化人才发展体制机制改革，坚持聚天下英才而用之，坚持营造识才、爱才、敬才、用才的环境，坚持弘扬科学家精神，对我国经济高质量发展具有重要意义。

然而我国校地科技人才在共享过程中存在着一些问题，具体如下：

①东、中、西部地区人才共享程度不平衡。

第一，东、中、西部地区社会经济发展与教育发展极不平衡。我国东部地区经济基础好，高校数量众多，人才共享的各项机制也更加完善。中部地区近年来在国家中部地区崛起战略的推动下，经济发展势头良好，但整体上与东部地区仍存在一定差距。西部地区由于地理位置偏远，交通不便，资源相对匮乏，经济发展相对滞后。虽然近年来国家加大了对西部地区的开发力度，但整体上西部地区的经济发展水平仍然较低。东部地区教育资源相对丰富，高校与科研机构众多，科研实力雄厚。而中西部地区，尤其是西部地区的教育资源相对匮乏，科研水平相对较低。东部地区由于经济发达，地方政府和社会对教育的投入也相对较大。而中西部地区，特别是西部地区由于经济相对滞后，教育投入有限，制约了教育事业的发展。由于教育资源和教育投入的差异，东部地区的教育质量普遍高于中西部地区。这种教育质量的不平衡也进一步制约了区域间的人才流动和共享。

第二，东部地区不同区域之间也存在社会经济发展与教育发展不平衡的现象。以江苏省为例，江苏省是我国高校最为集中的省份之一，从其毕业生就业的流向来看，南京、上海、广州、深圳等成为江苏省众多院校的毕业生的主要就业区域。这使得盐城、淮安、连云港、徐州等区域在人才流入方面处于劣势地位。这些城市的经济要想实现跨越式发展，需要更多高层次人才涌入。校地人才共享在某种程度上是这些城市解决人才资源跟不上经济发展步伐这一问题的方法，能够较为快速、精准地解决地方高素质人才短缺的问题。

第三，西部地区社会经济发展与教育发展相对落后，不利于培养人才和留住人才。从西部地区的高校资源来看，尽管也有一些知名高校，但在东部地区优越条件的吸引下，高校本身面临着人才大量流失的问题。尽管还是有一部分毕业生留在了当地，但是他们面临着地方大型企业、创新型企业较少的问题，其自身的价值很难得到全面、充分的发挥。

②人才培养质量与社会需求脱节。

由于高校间竞争激烈，部分高校在人才培养上可能过于注重学术研究而忽视实际应用，导致人才培养质量参差不齐。这种情况下，即使实现了校地科技人才共享，也可能无法满足社会的实际需求，造成资源的浪费。此外，一些高校的人才培养模式未能及时跟上社会发展和行业变化的步伐，存在与社会实际需求脱节的现象。这使得部分毕业生难以找到合适的工作，企业也难以招聘到符合需求的人才。

③部分中小城市存在人才流失问题。

部分中小城市相较于大城市，在经济发展水平和人才的福利待遇方面存在明显差距，这导致人才流失严重。许多优秀人才更倾向于前往大城市发展，以寻求更好的待遇和发展机会。

此外，部分中小城市往往难以提供与大城市相媲美的职业发展平台，这使得其在吸引和留住人才方面处于劣势地位。人才流失不仅影响了中小城市的经济发展，也制约了校地科技人才共享的实现。

④政策支持与资金投入不足。

尽管国家出台了一系列政策支持校地合作和人才共享，但在实际执行过程中仍存在诸多困难。政策执行不到位、缺乏具体的实施细则以及政策宣传力度不够等问题都制约了政策效果的发挥。同时，部分中小城市在推进校地人才共享项目时常常面临资金不足的困境。由于缺乏有效的资金监管机制和使用规划，部分资金的使用也存在不透明、挪用或浪费等现象，进一步加剧了资金紧张的状况。

⑤沟通与信息共享存在障碍。

一些高校与地方政府之间缺乏有效的沟通机制和信息共享平台，导致双方在合作过程中出现信息不对称、沟通不畅等问题，不仅影响了校地科技人才共享的效率和质量，还可能引发误解和矛盾，进一步阻碍校地合作的深入进行。

在深入剖析我国校地科技人才共享存在的问题之后，笔者进一步将视线聚焦至河南省，对其校地科技人才共享存在的问题展开分析。这一步骤不仅有助于相关人员更全面地了解当前科技人才共享的发展态势，而且能够针对河南省校地科技人才共享的实际情况，提出更具针对性和实效性的解决方案。

第一节　河南省校地科技人才共享存在的问题

一、科技人才占比低，地域分布不均

（一）科技人才占比低

尽管河南省是人力资源大省，但科技人才在该省总人力资源中的占比相对较低。这导致在校地科技人才共享时，河南省内的企业对高端科研人才的需求往往难以得到充分满足。

（二）科技人才地域分布不均

河南省的科技人才资源主要集中在少数几个大城市或高校密集区，而一些中小城市或农村地区则相对匮乏。科技人才地域分布的不均衡性给河南省校地科技人才共享带来了挑战。

二、校地合作形式单一，相关机制不健全

（一）校地合作形式单一

目前，河南省的校地合作形式相对单一，主要以项目合作为主，缺乏更深层次的产学研一体化合作形式。单一的合作形式限制了科技人才在校地之间的自由流动和深度共享。

（二）相关机制不健全

校地科技人才共享的相关机制不健全，缺乏明确的政策引导和制度保障。例如，在科研成果转化、知识产权保护、利益分配等方面缺乏针对人才共享的具体的规定和措施，从而影响了校地合作的积极性和效果。

三、科研设施落后，科研创新重视程度不够

一些高校或科研机构的科研设施相对落后，难以满足高端科研人才的需求。这在一定程度上制约了校地科技人才共享的深度和广度。部分地区或单位对于科技创新的重视程度不够，导致科技人才的创新积极性未能充分发挥。

第二节　河南省校地科技人才共享存在问题的解决对策

河南省大力推动校地科技人才共享，不仅有助于为本省的经济发展提供人才保障，促进区域内部生产要素的合理化流动，促进各地区产业更好、更健康地发展，同时也有利于促进和推动本省高校资源的合理配置，为提升我国高校教师将科研成果转化为现实生产力的能力，提升学生的应用实践能力提供智力保障与支持。因此，探索河南省校地科技人才共享存在问题的解决对策，对于解决河南省经济发展难题，促进本省经济高质量发展具有重要意义。

一、以政府为枢纽促进河南省校地科技人才共享

与世界其他国家相比，我国有着数目庞大的公立高校，众多的公立高校归国家教育部、当地教育厅管理，同时中央和各地方政府对这些高校的发展也给予了大量的财政支持。我国高校所具有的公立基因使得地方各级政府与高校之间一直具有很紧密的关系。同时，无论是地方性的服务机构与组织，还是对地方社会经济发展起到重要作用的企业，都是在政府的管理与监督下运转的。

在新时代，高校因具有人才聚集的优势，可以为地方经济的创新发展提供积极的、强有力的人才支撑和智力支持。校地科技人才共享意味着高校可以利用其人才优势，发挥服务地方经济社会发展的作用。要想实现校地科技人才共享，尤其是高水平人才共享、高水平成果共享，就要科学布局、调整高校学科专业结构，发挥好学科专业的优势，使学科链、人才链与地方的产业链、市场链进行无缝、高效的对接。高校、地方政府、企业要紧扣国家战略，发挥各自优势，推动产学研深度融合，通过协同创新、协同发展等各种举措，构建高效、完善的校地科技人才共享机制，为全面建成社会主义现代化强国凝聚力量。

现阶段，我国在人才资源和地域经济发展方面还存在不平衡与不匹配状况。东部地区人才聚集，却仍然存在部分区域人才短缺的状况；西部地区虽然缺乏人才，部分区域却存在某种程度上人才过剩的问题，这些人才无法很好地参与到地方企业的发展当中，也无法及时地将自身的智慧与知识转为生产力。这就需要各地政府积极协调，充分发扬集中力量为企业纾困解难、全心全意为人民服务的精神，积极和高校进行对接，为校地科技人才共享服务，积极搭建校地科技人才共享平台。河南省人民政府作为关联河南省高校和企业的协调者，可以促进二者的互融互通。从更深层次来说，河南省人民

政府应在校地科技人才共享当中发挥枢纽作用。

二、搭建新型的校地科技人才共享网络平台

要想促进校地科技人才共享更好、更健康发展，河南省内各高校要充分利用网络等媒介工具，搭建新型的校地科技人才共享网络平台。校地科技人才共享网络平台的搭建需要重点考虑以下几个方面：

第一，校地科技人才共享网络平台是互联网时代的产物，可以将各类人才的信息很好地汇聚在一起，帮助各类人才匹配各种企业、地方性社会组织或服务机构。高校可以利用自身优势搭建一个这样的平台，按照国家对行业的划分标准对人才进行全面的分类，并根据国家最新动态对平台进行动态管理。

第二，各高校在搭建校地科技人才共享网络平台时要考虑到人职匹配这个因素。各高校要将在校的高年级学生也纳入校地科技人才共享网络平台当中。与一些已经就职于固定单位的高校教师相比，在校高年级学生在精力、体力等方面更有优势，他们可以很好地完成基础性工作。因此，高校要从全局考虑校地科技人才共享网络平台的搭建，充分把握高校在校生的群体性特征，将其纳入校地科技人才共享网络平台，充分发挥他们的优势，在一些关键性技术方面充分发挥这个群体的自主性，以更好地为企业提供服务。

三、调整高校教学重点与科技人才培养模式

（一）革新高校实践教学课程设计

河南省各高校应革新现有实践教学课程设计，改变传统的以理论知识传授为主的教学理念，采取灵活多变的教学方法，加大实践教学的分量，加强

实践教学的针对性，通过开展科技创新课程，融入启发性、引导性的教学内容，引起学生的科技创新兴趣，培养学生的深度思考能力。同时，应多开展创新型课外活动，培养学生的发散思维，让学生走出校园，去接触社会上的科技创新型企业与人才，让课程与实践相结合，引导学生明确社会对科技人才的需求。

（二）加强学生科技创新思维的培养

河南省各高校应积极引导学生树立正确的学习目标，培养学生的科技创新能力，让学生知道为什么学习和学习什么，引导学生端正自己的学习态度，增强自主学习的能力。此外，河南省各高校应积极转变学生思维方式，使学生由被动学习变为主动学习，改变现有高校学生的“高分低能”的不良现象，培养学生的创新意识，提高学生的科研能力，加强对学生的动手实践能力与学习乐趣的培养，使其早日参与各种科研项目的研究，培养其科技创新思维。

（三）构建科学高效的科技创新人才培养模式

对于河南省来说，省内高校承担着为河南科技实力进步发展培养科技创新人才的首要任务。为了进一步发挥河南省高校的科技创新人才培养主体作用，各高校要以科技创新人才培养为核心，弥补目前的人才培养模式的不足，了解国内外前沿科技发展的最新形势，针对社会对科技创新人才的需求，及时调整教育目标，确定创新人才的培养方向，从管理观念变革、教育改革、师资培训、教学水平提升、专业设置、课程安排、实践创新等方面进一步促进科技创新人才培养，构建符合新时代需求、切实高效的高层次科技创新人才培养模式，争取多出人才、快出人才、出高水平的人才，为河南省经济快速发展、核心竞争力加强，以及科技实力全面发展提供源源不断的人才支撑。

四、完善体制机制，推动科技人才管理模式转型

（一）界定科技人才管理主体之间的职能边界

河南省政府及相关机构应根据责、权、利相统一原则，推动科技创新人才培养、使用、评价、激励和保障机制的现代化、科学化与专业化。在现行的工作体制下，政府要充分发挥党管人才、牵头抓总作用，全面制定具有方向性、全局性、长远性和战略性的人才政策，并指导和督查各职能部门执行相关政策的情况。各职能部门应按照各自职责，对科技人才工作齐抓共管。

（二）由粗放式管理走向集约式管理

在现行的工作体制下，各职能部门应逐步整合科技人才工作职能，着力解决多头管理、职能分散、标准不一等诸多问题，探索设立专项工作机构或办公室，统筹管理科技人才工作，提高工作效率，实现统一管理。同时，强化约束管理，建立和完善对科技人才工作的制约机制，尤其在政策的落实和资金的落地方面，要形成工作联动，进行协同管理。

（三）注重提高科技人才政策质量

政府及相关机构应加强对科技人才工作的调研，充分了解科技人才所思所想和实际需求，制定符合发展形势和科技人才需要的政策。同时，还应对不符合当前形势的人才政策进行及时调整，提高人才政策的科学性和针对性，并形成政策调整的长效机制，协同职能部门统筹推进，确保人才政策落到实处。

五、吸引和集聚科技人才和团队

（一）明确吸引、集聚人才的工作重点

大规模持续引进各类科技人才是推动河南省建设中西部创新高地的必然要求。在集聚人才的过程中，河南省政府及相关机构应突出以下工作重点：一方面，明确所需人才的类型和范围。要重点引进创新型人才、高级经营管理人才和河南紧缺的专门人才，形成人才集聚效应，培养一批跻身国际前沿的科学家、学科带头人和精通国际规则的高级管理人才。另一方面，注重科技人才团队建设。将科技人才团队建设作为吸引人才的重点，形成人才创新合力，推动优势互补。

（二）加强高校科技人才培养的师资力量

首先，对高校教师进行专业培训，提升教师辅导科技人才的能力。其次，革新教师教育理念，使教师在教授学生理论知识的同时能够植入科技创新的理念和精神。最后，畅通各类有能力培养创新人才的教师的引进渠道，加大人才引进力度。引进一大批高层次、有活力、有创新、有思维的先进教育人才，同时聘请社会中的高层管理人才、企业家、科学家到学校定期开展讲座，创建一支集创新、实践、科研于一体的新一代科技创新导师团队。

（三）加快建设一流科技创新平台与载体

第一，提升高校、科研机构、科技园区综合实力。河南省应围绕重大科技攻关项目、学科发展规划和人才培养计划，加快建设世界一流大学和科研机构，以及具有国际化水平的实验室等，同步建立以学术为主导的资源配置模式和科研学术发展模式，引入高端科技人才。此外，还要完善科技园区布

局，改进空间规划、加强园区功能，大力吸纳有研发优势的知识型企业，构建产业城市社区融合、宜居宜业宜学的新一代科技园区。

第二，打造项目集聚平台。全面推进视野国际化、服务专业化、投融资多样化以及运行管理市场化、信息化的相关平台建设，为河南省建设中西部创新高地提供功能性载体。以重大主导产业项目和战略性新兴产业项目为重要抓手，打造吸引、培养和使用科技人才和团队的项目平台，全力争取国家重大项目、先进学科的基础科研项目、领先技术产业在河南落地，全面推进自行主导的拥有国际先进水平的重大科研与工程项目的实施，以项目带动科技人才的集聚。

第三，构建创新创业合作网络平台。建立创业项目数据库、专业人才库、创业者信用数据库、创业企业信用数据库，进一步推进创新资源信息共享，把处于单个、分散运营状态的创业苗圃、孵化器、加速器等整合起来，让创业者能以更低的成本、更快的速度获得创业要素，逐步构建一个各种要素相互关联、有机作用的创业生态系统。

（四）建立健全产学研合作交流和成果转化平台

目前，河南省研究与开发机构、科技信息与文献机构的科技人才主要分布在中心城区，高校与规模以上工业企业的科技人才主要分布在近郊区和远郊区。由此可知，科技人才资源存在分离问题，科技人才在高校、科研机构和企业之间流动的产学研相结合制度亟须完善。政府及相关机构应加强业界合作与平台建设，促进同领域重点实验室、研究院和科技园区交流合作，鼓励高校、科研机构与龙头企业、上市企业合作，整合资源，共同组建高层次产学研合作交流平台，形成产品研发、产品生产及产品推广的产业联盟。同时，还应完善技术交易平台，通过完善技术交易市场、知识产权交易所等科技中介体系，加快人才、技术和资本、市场全面对接，推进科研成果以更快的速度转化为强大生产力。

六、建立健全科技人才工作机制

（一）建立健全科技人才吸引、培养和使用机制

建立健全科技人才的吸引、培养和使用机制，可以从以下几个方面进行考虑：

1.吸引机制

政策扶持：政府可以制定相关政策，以吸引国内外的科技人才。这些政策通常包括提供住房补贴、子女教育优惠等，以降低人才的生活成本，提高其生活质量。

优化创新环境：一个优良的创新环境是吸引人才的关键。这包括提供良好的科研设施、充足的科研经费以及浓厚的学术氛围。同时，还要加强知识产权保护，确保科技创新成果得到较好的保护。

建立灵活透明的引智机制：企业通过与各类科研机构、高校的合作，增强对科技人才的吸引力。提供优厚的待遇和良好的发展空间，确保他们在企业中能够尽展所能，并与企业形成良性的互动和合作关系。

2.培养机制

全过程管理：企业应该注重人才培养的全过程管理，包括招聘、培训、晋升和离职等各个环节。在实际培养人才的过程中，可以采取多种多样的培训方式来激发人才的创新精神，如技能培训、领导力培训、创新思维培训等。

产学研合作：企业应加强与高校、科研机构的合作，共同培养科技人才。通过提供实习、培训和项目合作的机会，使学生和研究人员能够深入了解企业的业务和文化，提高他们的实操能力和适应能力。

建立评价机制：建立严格而完整的评价机制来检验人才的培训成果，从而保证培训工作的可持续性和实效性。这可以通过定期的绩效评估、技能测试以及项目成果展示等方式来实现。

3.使用机制

适应性组织结构：企业需要采用适应性组织结构，充分发挥管理的激励作用，鼓励人才积极参与科技创新活动。这包括对人才的绩效考核机制以及对他们的贡献给予额外奖励等机制的完善。

提供充足的资源支持：为科技人才提供充足的经费、实验设备等资源支持，确保他们能够顺利进行科研工作。同时，关注他们的职业发展需求，为他们提供晋升机会，帮助他们制定职业发展规划。

（二）建立健全科技人才激励保障机制

河南省政府及相关机构应建立健全与社会主义市场经济体制相适应、与工作绩效挂钩，鼓励创新、包容失败的分配机制和奖励机制，充分调动科技人才的积极性、主动性和创造性。

一是探索人力资本产权激励措施，制定知识、技术、管理等生产要素按照贡献值参与收入分配的实现形式和办法，进一步界定高校、科研机构科研成果的所有权、使用权、收益权等，完善相关技术成果的评议、定价、收益分配机制。对高科技企业经营者可实行管理资本参与分配的机制，对科技劳动者可实行技术、智力、成果等“知识资本”参与分配的机制。

二是改革科研成果分配制度，明确职务发明人的权利、义务、奖励、报酬。加大股权激励改革力度，下放股权激励审批权限至科研机构和国有企业；扩大股权激励实施范围，取消设立年限、研发投入等相关限制；完善股权激励税收制度，制定适合科技型中小微企业特点的股权激励税收方案，实施股权激励缴税优惠政策。

三是加大创业性、生活性和团队性激励，整合现有各种科技创新人才奖励政策，完善科技创新人才奖励机制。其中，创业性激励是指对在重大科研项目中做出重大贡献的人才给予不同程度的奖励，对科技创新人才逐步建立特殊津贴制度。生活性激励是指对海外高层次科技人才的生活性支出奖励办法，与国际接轨。团队性激励是指对于科技创新人才团队，可单独设立科技创新人才团队引进专项资金，在科技创新团队建设、财力配置、设备使用、项目经费分配等方面，给予其充分的自主权。

（三）建立健全科技创新人才管理体系

一是制定科学的人才共享机制。河南省政府及相关机构应在分析评估河南科技人才工作现状和全球科技创新中心建设需要的基础上，健全符合河南发展需要的科技人才共享机制。同时，应加大资金投入力度，尤其要加大对学术研究的资金资助，建立稳定资助比重不断加大、竞争资助与稳定资助相结合的科研资助机制。

二是改革科技人才经费管理制度。相关机构应不断完善科研经费管理模式，确立以科研成果为导向的科研经费管理模式，建立经费弹性使用机制，扩大科技人才在经费使用中的自主权，以满足科研过程不确定性的要求。根据不同科研项目的实际情况，探索提高科研经费中人力成本比例。

三是探索融资主体模式转型。河南省想要实现人才共享由行政化走向市场化、社会化，就要分步建立政府引导、社会参与、市场推动的融资机制，设立科技人才创业投资引导资金，通过政策引导、资金参股和风险补偿等手段，鼓励各类创业投资基金聚集，探索“银行＋担保＋额外风险补偿机制”的贷款模式，发展风险投资、私募股权投资，鼓励企业和社会组织建立人才发展基金，多渠道募集社会资金，逐步健全多层次资本市场，形成多元化融资格局。

七、形成“三位一体”的工作格局

河南省政府、企事业单位和社会组织应注重发挥各自的作用，明确不同实施主体的权责关系与利益分配，形成由政府引导、社会参与、市场推动的教育、科技、人才“三位一体”的工作格局。笔者将在本章第三节对河南省教育、科技、人才“三位一体”的发展进行详尽阐述。

八、为科技人才营造优良发展环境

（一）加强校地科技人才共享的政策性保障

为校地科技人才共享建立政策性的保障是必要的，这可以为校地科技人才共享的良好发展保驾护航。河南省要想真正地实现校地科技人才共享良性循环与发展，就需要解决人才发展面临的现实问题，在财政、税收、教育等方面给予人才以政策性的优惠，同时还要考虑让人才在异地有一个居所。

河南省可以推出一些重大项目，吸引高校人才参与到这些项目中。各地级市，特别是经济发展水平较高但在人才资源引进方面又存在明显短板和不足的城市，可以先期在当地建立一些与本市产业发展相匹配的科研机构和重点实验室，吸引高校的科研人员和学生积极参与项目的研究，并给予他们充分的资金保障与项目政策方面的支持。

（二）优化科技人才法治环境

政府及相关机构要研究制定科技人才继续教育、人力资源市场管理、外国专家来豫工作管理等政策或其他规范性文件，形成层次分明、覆盖广泛的人才法规体系。依法维护科技人才和用人主体权益，是推进科技人才工作制度化、规范化、程序化的有效途径。

（三）逐步加大高校管理去行政化的力度

政府及相关机构应逐步加大高校管理去行政化的力度，根据河南省现有高校的实际情况，学习外省区域的先进经验，找到管理去行政化的有效方法和途径。以产生切实有效的人才引进成果为导向，改革现有的高校人才引进制度，改革科研评价机制、成果评价机制、人才评价机制，逐步推动行政管理在科技创新评价环节中退出。对在教学科研工作中做出贡献的人才予以优先支持，为科技人才营造公平自由的工作环境。

（四）提升公共服务平台水平

相关机构应开发与整合海外人才公共服务资源和社会资源，积极收集并评估相关创业信息、专业岗位信息及海外人才信息，进行配置及深度跟踪服务。同时，整合政策资源，梳理针对人才引进、培养等相关领域的政策，形成政策汇编，将其提供给创新创业人才使用，并定期组织召开政策宣讲会，向科技人才宣传解读相关政策。

（五）优化安居环境

相关机构应完善功能配套和基础设施，大力发展通信基础设施，改善服务环境。首先，应整合社会教育培训资源，形成宽领域、广覆盖，科学合理、规范有序的学习教育网络，满足各类人才学习和发展需求。其次，应完善医疗服务与保障，鼓励商业保险机构设立针对人才发展的医疗保险，探索建立海外医疗保险结算平台，进一步满足各类人才需求。最后，打造文化品牌，建设世界一流的文化艺术设施，促进科学与文化艺术相融合，推广中国文化与中原文化，利用郑州、洛阳、开封、安阳等地的丰富文物资源，以及河南省特有的裴李岗文化、仰韶文化、龙山文化、河洛文化资源，促进人才引进与共享。

（六）营造创新环境

相关机构应以打造中西部科技创新高地为目标，努力营造勇于竞争和宽容失败的科技创新氛围，增强对全球创新要素的集聚和整合能力，提升企业、高校和科研机构等创新的动力和活力，使河南省逐步成为具有国际影响力的科技创新中心。

第三节　河南省教育、科技、人才"三位一体"的发展分析

党的二十大报告将教育、科技、人才进行统筹部署，从基础性、战略性支撑的角度强调了教育、科技、人才一体发展，推进教育链、人才链与创新链、产业链的加速衔接。然而，由于各地区的资源禀赋、区域条件和优势特色不同，教育、科技、人才"三位一体"的发展思路和实践方式也有所不同。如何基于产业支撑视角，实现教育、科技、人才"三位一体"在各地区的创新实践，是目前亟待解决的重要问题。

通过对现有研究成果的梳理和总结，学者对教育、科技、人才"三位一体"的内涵、重要性、融合策略等方面展开了探索和研究。由于各地区的产业结构布局不同，教育、科技、人才"三位一体"的实践路径也有所不同。

笔者通过对河南省各高校、科研机构、高新企业、创新管理单位及高层

次科技人才的实地调研，找出河南省教育、科技、人才“三位一体”发展中存在的问题，从政府、高校、企业及人才自身四个方面分析“三位一体”发展存在问题的原因，并提出适合河南省的实践路径，以期为产业发展与教育、科技、人才“三位一体”发展提供新的研究视角和理论支撑。

一、河南省教育、科技、人才“三位一体”发展存在的问题

为了充分了解河南省教育、科技、人才“三位一体”发展存在的问题，笔者对高新技术开发区内的高校、科研机构、高新企业、创新管理单位及高层次科技人才展开了实地调研。

（一）高等教育与产业发展的融合度不足

截至2024年6月20日，河南省共174所普通高等学校。其中，本科院校60所，高职（专科）院校114所。

首先，河南教育资源匮乏，区域经济发展不平衡。河南高等教育资源不足，仅有郑州大学这1所“211”院校，且多数高校集中在省会郑州及周边的新乡和洛阳等地。虽然郑州、新乡和洛阳的高校数量相对较多，但是缺乏整合，重复建设情况严重，形成了有教育“高原”缺教育“高峰”的情况。河南部分地区高等教育资源严重匮乏，濮阳、鹤壁、三门峡、漯河、济源等地区在人才培养规模、培养质量上都无法满足产业结构转型升级的需要。

其次，对于高校建设的层次结构需要深入研究、科学判断。政府的重点集中在高水平大学建设上，在争创“双一流”上投入巨大。例如，河南省人民政府于2022年1月公布的《河南省支持科技创新发展若干财政政策措施》

强调，要重点支持“双一流”高校建设，多渠道筹措“双一流”建设资金，优先支持“双一流”高校、“双一流”创建高校符合条件的项目。相对而言，河南对定位于直接服务经济社会发展的科技应用型院校的建设重视程度不够，推进应用型院校高质量发展的支持体系尚未真正建立。

（二）人才供给与产业需求存在差距

河南高校人才培养与主导产业发展需求不匹配。2022 年 1 月，河南省人民政府颁布的《河南省“十四五”战略性新兴产业和未来产业发展规划》明确指出，“十四五”期间高位嫁接 4 大优势主导产业，抢滩占先 5 大高成长产业，前瞻布局 6 大未来产业，推动产业链、创新链、供应链、要素链、制度链深度耦合，构建具有核心竞争力的战略性新兴产业和未来产业体系，实现战略性新兴产业和未来产业整体跃升。然而，河南省多所本科院校对上述重要产业实际需求关注不够，专业设置与调整严重滞后于战略性新兴产业和未来产业发展需求。高校人才培养供给侧和产业需求侧在结构、质量、水平上还不能完全匹配。

实现人才发展与社会经济发展的融合，要求人力资本投入以满足社会经济发展需求为导向。河南省应紧紧围绕社会经济发展需求制定科技人才发展战略规划，做到人才发展与实施重大国家战略、调整产业布局同步谋划、同步推进。

例如，河南作为农业大省，但农业类高校实力、农业类专业的实力并不强，高校学科专业建设与河南农业发展的融合度也不高，高层次农业人才输出较少，与农业生产过程相脱节。现阶段，河南应解决科技人才供需中的突出矛盾，补齐产业升级转型中的人才短板，以促进科技人才规模、质量、结构与社会经济发展相适应和相协调。

（三）高校科研成果对产业贡献率较低

河南高校科研成果对产业贡献率低主要表现在两个方面：

1.成果转化缺乏系统性规划和布局

从科技活动规律看，一项重要的科研成果从研发到实际应用一般要经过基础研究、应用研究、成果中试、企业对科研成果应用、企业进行大规模生产等五个环节。其中，基础研究和应用研究属于纯理论性质，科研成果转化主要依靠成果中试和企业对科研成果应用这两个环节。但由于多方面因素影响，河南省的科技活动往往集中在高校科研实验室，在基础研究阶段投入较多的资金和精力，不够重视科技成果中试和企业对科研成果的应用，阻碍了科研成果产业化发展。

2.科研成果与社会需求脱节

部分高校科研人员进行科学研究时，更多关注理论创新，强调课题的先进性和独创性，而对市场需求缺乏重视。这主要表现在两方面：一方面是一些高校作为成果的产出方，缺乏与需求方企业的联系，在研究开发之初就缺乏对成果应用的现实指导；另一方面是部分高校科研人员将精力主要集中于教学和科研，较少关注科研成果的推广与宣传，从而出现高校与企业沟通不畅问题，高校不了解企业的现实需要，企业也不知道高校的科研成果，供需双方信息不对称，导致部分科研成果闲置，科研资源浪费。

二、河南省教育、科技、人才“三位一体”发展存在问题的原因分析

（一）政府方面：政府主导作用发挥不充分

政府是促进教育、科技、人才“三位一体”协同发展的关键主体。然而，在对郑州市高新技术开发区内的高校、科研机构、高新企业、创新管理单位及高层次科技人才的实地调研中，部分单位及高层次人才反映，政府的主导作用发挥不充分。主要表现在以下三个方面：

1.缺乏相应制度保障

不管是《国务院办公厅关于深化产教融合的若干意见》，还是《河南省人民政府办公厅关于深化产教融合的实施意见》《河南省支持科技创新发展若干财政政策措施》都明确提出教育、科技、人才与产业融合发展的要求，但这些都是原则性的规定，缺乏具体的实施细则和硬性要求，难以对教育、科技、人才“三位一体”协同发展产生决定性作用。

2.不同政策主体之间缺乏协同性

实施产教融合涉及多个部门共同协作，需从全局出发制定相关政策法规。但河南省部分政府机构存在多部门之间的协调障碍，在政策制定和执行过程中会产生一定的阻力，政策激励与导向作用难以充分发挥。

3.体制机制改革需要进一步深化

河南各级政府在推进产教融合方面的主要方式为增加编制人数、加大经费预算、加大分配或奖励力度等，与教育、科技、人才“三位一体”协同发展相关的体制机制改革举措有待创新，尤其是以事前产权激励为核心的职务科技成果权属改革亟待实施。此外，河南省对科研人员的评价机制也亟待改变。现行评价体系依然侧重于学术研究，需要加快建立以科研成果对经济发

展实际贡献率为导向的考核评价体系。

（二）高校方面：高校的主体作用发挥不充分

高校作为人才培养的摇篮、科技创新的阵地、文化传承的高地，在教育、科技、人才“三位一体”协同发展过程中发挥着主体作用，但目前高校的主体作用发挥不充分。具体原因如下：

一是河南高校专业设置落后于产业升级要求，与产业发展需求不匹配。笔者通过对郑州大学、河南工业大学、郑州轻工业大学等高校的实地调研发现，目前河南高校专业设置相对滞后，专业弹性不足，虽然部分高校近年来加快设置大数据、人工智能、新能源等新专业，但专业设置时间短、人才培养周期长，很多教师自身还存在学习转型的问题，导致现阶段符合产业发展需求的人才总量不足，不能满足河南产业的多样化发展需求。与此同时，部分院校之间专业同质化严重，一些高校不顾自身条件，盲目争设低成本的专业，不考虑人才市场的吸纳能力，浪费了宝贵的高等教育资源。

二是部分高校科研成果转化工作的不愿为、不想为、不会为等问题成为制约科研成果转化绩效的深层次原因。虽然河南省委、省政府围绕高校科研成果转化出台了一系列政策，但个别高校站位不高，主要领导重视不够，学校顶层设计不到位，科研成果转化工作未纳入高校的整体规划，也未与科学研究、学科建设及人才培养相结合。此外，科研成果转化是一项专业性很强的工作，需要既懂技术、市场，又懂法律的专业技术人员。现阶段很多高校都是行政管理人员负责科研成果转化工作，缺少专业技术人员从事此项工作。

（三）企业方面：企业的市场主体作用发挥不充分

教育、科技、人才“三位一体”协同发展离不开企业的积极参与和市场主体作用的发挥。党的二十大报告提出，要加强企业主导的产学研深度融合，强化企业科技创新主体地位。笔者对中国中铁隧道股份有限公司、郑州威科姆教育科技有限公司、光力科技股份有限公司、汉威科技集团股份有限公司、新开普电子股份有限公司等5家企业走访调研后发现以下问题：

1.企业合作动力不足

相关法规、政策的缺失以及落实不彻底是我国企业参与产学研融合驱动力不足的重要原因。在欧洲发达国家，政府会向支持人才培养的企业给予一定的经济补偿。现阶段，河南省还没有规定如何落实和细化对企业的优惠政策，部分企业没有从产教融合、校企合作中获得政府的经济补偿，这制约了这些企业参与产学研融合工作的积极性。

2.投入与风险分担机制不健全

在校企合作过程中，企业可能会面临市场、管理或技术方面的风险。由于企业对风险的预估不够，可能会导致高校研发成果运用到企业生产中出现一些问题，会影响双方下一步的合作。另外，如果企业资金投入不到位，高校对企业的技术支撑将难以持续。企业投入和风险分担机制的完善程度会影响优质科研成果的转化和实际应用的效果。

3.产学研合作目标短期化

产学研融合工作周期长、风险大、不确定性因素多，大多数企业更倾向于使用成熟技术和与高校、科研机构进行短期合作，而不愿意在探索研究阶段投入大量的时间、精力、人力和物力。此外，大企业往往倾向于与重点高校或科研机构合作，而众多小微企业则习惯于“技术模仿”，且自身财力有限，对产学研融合往往信心不足。

（四）人才自身方面：人才个体的工作积极性尚未真正激发

通过对郑州市高新技术开发区内的高校、科研机构、高新企业、创新管理单位及高层次科技人才进行实地调研，笔者发现，虽然将科技人才优势转化为河南省的创新优势和发展优势已成为河南省的共识，但从现阶段高校、科研机构及企业科技人才参与教育、科技、人才“三位一体”协同发展的实践来看，还存在以下一些问题：

一是全社会鼓励科技人才个体投身产教融合、服务产业发展的工作氛围不够浓厚。虽然国家采取多项措施鼓励科研人员创业，但在社会层面，高校、企业等鼓励和支持科研人员创业的氛围还不够浓厚。

二是技术转移网络体系有待建立。社会网络所连带的资源有助于科研人员对商业机会的识别、开发和利用，从而增强其转化科研成果的信心。随着科学技术的突飞猛进和学科之间的交叉融合，科研成果转化更需要研究者、技术成果应用者、产品使用者以及各种中介机构之间的密切协作。由于高校和科研机构具有相对独立性和封闭性，其与外部主体如政府机构、风险投资者、技术中介、法律金融机构、企业等不能建立常态化的联系，因此在合作过程中面临信息不对称、资源稀缺等问题，影响科研人员对创业机会的识别、开发和利用，严重影响科研成果的转化。

三是科研人员与企业人员之间的角色特质差异所产生的抑制影响有待进一步消除。创新和创业既有联系又有区别，科研人员的主要优势在于具有创造性、好奇心和探索精神，一些科研人员缺乏创业所需要的管理能力、人际交往能力和企业家精神，他们是创新能手但未必是创业能手。科研人员偏重技术的“可能性”，而企业人员强调产品的“可靠性”，两者之间往往存在着难以跨越的市场鸿沟。这些都制约着科研人员对产教、产研活动的心理认同和价值认同。

三、河南省教育、科技、人才“三位一体”发展的路径探索

河南省要逐步形成高等教育分类发展、职业教育（含技工教育）特色化发展的教育体系，依据河南省产业高质量发展的要求，确立特色优势院校、学科专业和课程体系，形成教育和产业统筹融合、良性互动的发展格局，努力解决人才教育供给与产业需求结构性矛盾，加强高等教育、职业教育对经济发展和产业升级的影响。

（一）借助河南高等教育资源，培养区域产业高层次人才

河南省要根据本省的战略性新兴产业发展需要，充分利用郑州大学、河南大学等高校的教育资源优势，培养出符合产业发展需要的高层次人才。

1.推动学科专业与战略性新兴产业精准对接

做优做强新一代信息技术、生物技术、新材料、节能环保等优势主导产业，加强创新突破和融合应用，培育壮大高端装备、新能源及智能网联汽车、航空航天、新兴服务等产业，强化前沿领域跟踪突破，谋篇布局量子信息、氢能与新型储能、类脑智能、未来网络、生命健康、前沿新材料等未来产业，实现高校专业设置和调整与区域产业发展相协调。高校可根据自身的优势特色，结合区域产业发展需要，设置符合产业发展、职业标准的专业类别和教学内容，培养和打造对接战略性新兴产业的专业集群。建设一批紧密对接战略性新兴产业的硕士、博士学位授权点，专业设计及课程设置要紧跟产业发展需要，为企业提供高质量、高层次的储备人才。

2.推进产学研协同创新和成果转化

实施产学研协同创新行动计划，围绕河南省战略性新兴产业发展需要，支

持郑州大学、河南大学、河南科技大学等重点高校、科研机构与新兴产业的骨干企业深度合作，实现资源的共享与整合，共同合作建立研发中心、技术服务平台、研发实验室等，构建科技创新综合体，实现政府部门、产业骨干企业、高校、科研机构、金融机构等的融合创新。打通高校实验室与企业实验室的衔接通道，高校教授与硕士、博士可以直接在企业内进行研究，并将研究成果运用到企业生产过程中；高校教授可以走进企业，对企业员工进行指导，同时企业的高层次人才也可以走进高校指导学生，合作研发创新产品。

3.支持建设更多一流大学

笔者对郑州市高新技术开发区的多家科研机构和高新企业走访调研发现，生源地为河南的学生进入郑州科研机构和高新企业工作的人数最多，稳定性也最强。因此，河南应该支持建设更多的一流大学，努力让更多学生有机会进入一流大学学习。此外，要培养出稳定扎根于河南的高层次人才，就要从源头做起，深入推进河南中考、高考改革。

（二）依托地方应用技术型大学，助推产业链创新

1.进行校企合作，组建地方应用技术型大学

很多企业主要通过校招获取员工。为破解新兴产业发展的技术瓶颈，河南可借鉴先进地区的成功经验，根据战略性新兴产业发展规划，依托省内其他地市的教育资源，根据各地产业发展需要，激励地方应用技术型大学与龙头企业合作，共同培养高端应用技术型人才。例如，黄淮学院依托驻马店的产业发展布局，结合自身的学科专业优势，与当地智能制造、建筑、新能源、农业等产业的龙头企业建立联盟，既有利于推动校企创新合作，也能够让更多的大学毕业生留在当地就业创业，以更好实现教育、科技、人才“三位一体”协同发展。

2.地方普通本科院校向应用技术型大学转型发展

区域产业发展需要什么样的人才，地方普通本科院校就培养什么样的

人才。地方普通本科院校应设置符合产业发展需要的专业及课程，向地方应用技术型大学转型，为区域经济发展做出贡献。地方普通本科院校要密切结合地方产业发展，找准定位，瞄准方向，强化自身特色，实现错位发展和特色发展。随着地方产业结构的转型升级，地方普通本科院校要按照“对接产业、优化专业、引导创业、服务就业”的思路，合理配置有限资源，发展和培育优势专业，使专业群对接地方产业链和价值链，推动地方组团式、集群式发展。例如，可以结合河南的农业产业优势，根据农业现代化发展要求，设置支持农业高质量发展的相关专业集群。地方普通本科院校专业的新设与调整，要依据地方产业发展需要，并结合自身的科教资源进行。

（三）围绕产业链发展专业链，推进职业教育与产业链协同

产业发展不仅需要高层次、高技能的人才，也需要基础型的技工人员。河南省政府及相关机构要统筹职业教育与区域发展布局，为产业发展培养出能直接上手的生产技工类人才。一方面，根据区域经济发展需要布局职业院校的专业分布，并向产业和人口集中的区域靠拢，推动职业教育差别化、错位化、特色化发展；另一方面，紧密结合河南战略性新兴产业发展规划，打造区域性产教融合发展中心，带动周边城市产教融合发展。

1.基于河南区域产业优势，发展特色职业院校

一是引导职业院校错位发展。根据河南各地区产业发展和区域经济发展现状，相关部门应积极引导各地职业院校实现错位发展，突出职业院校的特色优势，推进教育、科技、人才“三位一体”协同发展。如在美食之乡长垣，相关机构可结合区域烹饪工艺和豫菜文化，创办长垣烹饪职业技术学院，围绕产业办专业，办好专业促产业。二是鼓励高水平的职业院校向应用型和本科层次职业院校转型。河南可以依托自己的职业教育资源，调整人才

培养结构，鼓励高水平的职业院校向应用型和本科层次职业院校转型，尝试新型职业教育模式。转型成功的职业院校可以重点培养应用型、技术技能型人才，为河南各地区产业发展提供更多的中高端应用型、技术技能型人才。

2.根据区域产业转型升级的需求，培育各类技术技能型人才

河南要实现从“农业大省”到“农业强省”、从“河南制造”向“河南智造”的转变，推动现代农业和制造业高质量发展。在实现农业强省目标过程中，河南各大职业院校要根据河南现代农业的发展需要，培养更多符合农业生产经营的高层次农业科技人才。在实现制造强省目标的过程中，河南各大职业院校要根据河南高新技术产业集群发展需要，培养符合一线岗位要求的高层次技术技能人才。为此，河南各大职业院校可从以下两方面开展工作：一要建设职业教育特色专业（群）。河南各大职业院校要结合所服务地区的经济特点，合理设置和调整学科专业，从区域重点产业出发，开设产业发展中需求量大且稳定的专业，以便更好地服务区域经济的高质量发展。例如，河南交通职业技术学院与宇通集团合作共建了宇通汽车产业学院，构建了集人才培养、技术应用研发、创新孵化、标准研制于一体的服务区域经济发展的新模式。二要加强职业教育师资队伍建设。河南职业院校师资队伍中不乏高学历人才，但缺乏实践能力。因此，要搭建校企师资互通的平台。教师可以利用该平台进入企业进行实践学习，这样既可以锻炼自己的实践能力，也能将最新技术和工艺带入企业，推动企业的发展。同时，职业院校也可以邀请企业高级技师、技术专家走进课堂，指导学生进行实践实训操作，这样既可以让学生了解企业对人才的具体需求，也能提高学生的动手操作能力。

（四）充分发挥市场在引才聚才中的配置决定性作用

一是健全科技创新资源的市场化配置机制。以深化技术创新市场导向机制为着力点，充分发挥市场对技术研发方向、路线选择、各类创新要素配置

的导向作用，充分释放高校、科研机构、人才、技术、资金、中介服务机构等创新要素的活力，形成推进科技创新发展的强大合力。

二是建立与国际接轨的供需机制、价格机制、竞争机制。全面提升外向型经济开放水平，降低市场准入门槛，适时放松市场管制，提高市场活力，借助全球的商品流、信息流、资金流、技术流、人才流向郑州市区集聚的契机，加快推进人才市场与资本、技术、产权等市场的融合和对接。

三是找准市场与政府的契合点。有效发挥政府在健全市场体系、加速市场运行方面的推动作用，在促进创新要素融合方面的引导作用，在营造综合发展环境、降低创业成本中的保障作用，实现“无形之手”和“有形之手”有效结合，推动市场的可持续发展。

（五）大力建设面向市场的新型研发机构

组建一批具有全球顶级水平的科研载体，大力推动企业和高校联合共建科技创新前沿领域的重点实验室。河南省开展校企联合、共建重点实验室有利于将高校的创新资源优势、科技人才优势与企业的产业市场优势、研发投入优势紧密结合，有利于高校培养理论知识丰富、综合素质高、适应能力强的复合型人才，有利于形成市场引导科研、科研服务产业的创新生态体系。

第五章　河南省校地科技人才共享的多元探索

对河南省的校地科技人才共享进行多元探索，有助于推动高校与地方政府、企业之间的产学研深度融合。高校可以提供科研支持和人才资源，而地方政府和企业则能提供实践平台和市场需求，这种深度融合有助于推动科技创新和产业升级。

高校通过与地方政府的合作，可以更加深入地了解社会需求和市场动态，从而调整自身的学科建设和人才培养方向。高校选派教师到地方企事业单位挂职锻炼，参与实际工作和项目研发，可以使教师不断提升自己的实践能力和专业素养，从而更好地服务于教学和科研工作。

第一节　基于聚类分析的河南省高校科技创新能力比较

在我国经济发展和科技发展进程中，高校一直扮演着重要的角色。通过理论创新研究、实践创新落地等手段，高校积累了大量的创新人才，并建立了自己的创新体系，产出了多个重大科研成果。

尽管高校的科技创新能力已经得到社会的认可，但不可否认的是，很多高校在发展过程中依然面临很多实际问题。其中，最常见的问题是对基础研究的重要性认识不足，学科布局的综合性和交叉性不够，很多创新的基金项目或者扶持资金流向了成果导向比较强的工科领域，数学、哲学、文学等学科创新支撑相对较少。

在近年的研究中，已经有不少学者针对高校科技创新能力的评价体系进行研究，且以量化研究居多。量化研究以数据分析为基础，以事实结果为导向，在众多量化分析方法中，聚类分析最为成熟。但过往的聚类分析仅考虑高校学科的产出数据，工程类和技术类等产出较高的学科依然会获得较高的评级。

本研究以河南省高校为研究对象进行计算分析。近年来，河南省通过分类引导高校找准发展定位，优化学科专业结构，初步实现了对科技创新能力的正向投入。高校的创新成果很好地支撑了河南省的社会经济发展。2021年，河南省人民政府办公厅出台的《关于提升高校科技创新能力的实施意见》提出，到 2025 年，全省高校区域、层次、类型布局趋于合理。为了实现该目标，均衡多学科创新投入、设置合理的科技创新能力评价指标具有重要价值和意义。

目前，河南省高校现有的科技创新能力评价体系还不够完善，创新投入仅将产学研收入和学校学科排名作为评价指标，对工科和历史排名较好的学科创新扶持力度远大于对哲学、文学等学科和近年来发展迅速的学科的创新扶持力度，创新投入极不平衡。因此，河南省需要构建一种合理且能动态衡量高校科技创新能力的评价机制，实现创新投入的均衡化。

一、河南省高校发展概况

（一）高校情况总览

河南省的高校主要包含四种类型：①“双一流”高校（郑州大学、河南大学），②省属重点建设高校（河南科技大学、河南农业大学等），③省属一般高校（郑州轻工业大学、河南工程学院等），④地方高等专科学校（开封大学、河南职业技术学院等）。其中，“双一流”高校和省属一般高校的学科建设较系统，学科创新成果较多。由于部分高校缺乏相关数据且调研困难，因此本研究根据以上四种高校类型，选取60所高校，提取其中的60个数据进行研究。

（二）高校科技创新问题分析

尽管河南省具有众多高校及创新研发平台，但全省高校整体科技创新水平依然不高，总结如下：

1.应用技术研究能力薄弱

（1）专业结构相对单一

河南省部分高校的专业结构相对单一，主要以传统专业为主。这种情况限制了高校在新兴交叉学科领域研究能力的发展，使得它们在面对新兴产业和技术发展时难以适应，从而制约了应用技术研究能力的提升。

（2）发展定位不准确

河南省部分高校在发展定位上存在盲目性，片面追求论文、项目和成果的数量，而忽视了自身的特色和优势。这种定位的不准确导致高校在应用技术研究上缺乏明确的方向和目标，难以取得有针对性的研究成果。

（3）整体科研实力不足

与北京、江苏、山东等地区相比，河南高校在科技论文数量、项目数量和科研奖项数量等方面都明显落后。这反映出河南高校在整体科研实力，包括应用技术研究能力方面的不足。

（4）民办高校在科研方面受限

河南省的众多民办高校在科研方面面临诸多限制，如政策对民办高校的定位模糊、民办高校难以享受到与公办院校同等的权益和优惠扶持政策等。这些因素都制约了民办高校在科研方面的投入和发展。

2.创新投入分配不均衡

（1）科研经费分配存在差异

“十四五”期间，河南省投入 50 亿元引导资金支持郑州大学一流大学建设，投入 25 亿元引导资金支持河南大学一流学科大学建设，同时大力支持河南理工大学、河南农业大学、河南科技大学、河南师范大学、河南工业大学、华北水利水电大学、河南中医药大学等 7 所高校 11 个学科开展一流学科创建工作。然而，针对其他非“双一流”高校或未受到重点支持的高校，河南省投入较少，从而导致了科研经费分配的不均衡。

（2）科研资源集中化

在河南省的高等教育体系中，优质的科研资源往往集中在少数几所高校中。这些高校在科研设施、人才队伍、项目经费等方面拥有更多优势，而其他高校则可能面临资源匮乏的困境。这种资源分配的不均衡也进一步加剧了创新投入分配的不均衡。

（3）民办高校与公办高校的差异

在河南省，民办高校与公办高校在创新投入上也存在显著差异。民办高校在科研方面往往面临诸多限制，如经费不足、科研设施落后、人才队伍不稳定等，这些都制约了其创新能力的提升。

3.缺乏分级管理机制

目前，河南省对高校的创新扶持力度、资金支持力度主要基于软科中国大学排名。这样的管理机制忽略了对河南省高校创新成果的评估，不能对其科技创新能力进行合理评价。

二、研究方案设计

（一）算法设计

为了能够对河南省高校的科技创新能力进行合理分级，本研究引入基于贝叶斯约束的 k 均值聚类算法。该算法在高校科技创新能力分级方面应用广泛，在非监督的分类中具有较好的效果。该算法将各个聚类子集内的所有数据样本的均值作为代表点，通过迭代过程将数据集划分为不同的类别，使得评价聚类性能的准则函数达到最优值。在传统计算流程中，算法会随机给出 k 个聚类中心，通过不断地对聚类中心和数据之间的距离进行计算的方式，得到最优的分组。但以往利用 k 均值聚类算法进行创新评价的研究，并没有考虑学校自身的属性，仅利用学科产出来进行分类，导致工科类和应用类学科的评分依然较高，文、史、哲等学科评分较低。

（二）计算流程

基于贝叶斯约束的 k 均值聚类算法的具体计算流程如下：

1.基于贝叶斯因子构建约束的数据预处理

高校的排名、学科类型等先验知识对计算结果有较大的影响。为了避免采用传统评估机制造成高校评级不准确的问题，本研究将高校的排名、学科类型进行先验处理，将处理后的数据作为聚类算法中的一个输入参数来进行计算，并将高校按照优势学科进行初始分组。

2.选择评价聚类性能的准则函数

基于分组进行误差计算和迭代，聚类算法使用误差平方和准则函数来评价聚类性能。

3.根据一个簇中对象的平均值来进行相似度计算

首先获取数据，对获取的数据进行预处理，使用预处理模块对数据进行归一化、数据编码；然后利用贝叶斯构造分类准则先验，将先验结果作为均值聚类的基础，构造对应的先验函数；最后利用 k 均值聚类算法进行迭代，得到指标结果。具体步骤为：①搜集河南地区高校创新相关数据，完成数据整合，并将数据随机分配到 k 个非空的簇中。②计算每个簇的平均值，并用该平均值代表相应的簇之间的差异结果。③计算每个对象与各个簇中心的距离，并进行距离分配。④根据距离分配结果，重新计算每个簇的平均值。不断重复这个过程，直到满足某个准则函数才能停止计算。重复分组和确定中心的步骤，直至算法收敛，评价函数达到最小值，所得到的分级即最终结果。

三、结果分析

本研究利用 Python 来进行数据分析和计算。综合本研究的贝叶斯约束和聚类分析，计算过程如下：

步骤 1：根据高校分类，给出初始 k=6。

步骤 2：对高校进行独立编码，将编码赋给贝叶斯约束，构建先验条件。

步骤 3：聚类迭代，给出不同的 k 值，但独热编码不变，在每次聚类迭代之前，先使用贝叶斯计算先验值。与传统聚类分析相比，本研究的聚类分析利用先验贝叶斯函数来抵消高校性质带来的计算误差，能更加公平地对高校属性进行分级。

步骤 4：得到最终的聚类结果。为了评价最终聚类效果，将聚类的个数进行固定，并进行拓展计算。

本研究用聚类中心的距离来衡量聚类效果。当聚类中心平均距离最大时，则得到最佳分离效果。当将系统聚类分成 5 类时，高校的结果分离是最为清晰的。因此，笔者将河南省高校分为 5 类来进行科技创新能力评级。

A 等：前 10%为 A 等；其中前 2%是 A＋＋级，介于 2%～5%之间的是 A＋级，介于 5%～10%之间的为 A 级。

B 等：介于 10%～30%之间的为 B 等，占 20%。其中，介于 10%～20%之间的为 B＋级，介于 20%～30%之间的为 B 级。

C 等：介于 30%～50%之间的为 C 等，占 20%。其中，介于 30%～40%之间的为 C＋级，介于 40%～50%之间的为 C 级。

D 等：介于 50%～70%之间的为 D 等，占 20%。其中，介于 50%～60%之间的为 D＋级，介于 60%～70%之间的为 D 级。

E 等：最后的 30%为 E 等。其中，介于 70%～85%之间的为 E＋级，介于 85%～100%之间的为 E 级。

在不同的科技创新能力分级中，每个分级都包含不同的院校类型。总体上看，在全国排名比较靠前的高校科技创新能力要强一些，河南省高校科技创新能力和高校全国排名的相关系数为 0.855。

四、河南省高校科技创新能力提升建议

科技创新能力较强的高校，需要加强产学研转化能力；科技创新能力相对较弱的高校，则需要提升自身的科技创新能力。同时，基础学科的创新同样需要引起重视。针对分级结果，具体应采取的措施如下：

（一）加强产学研平台建设

目前，河南省省部级科研平台分布相对合理，这些平台基本涵盖了所有学科。但河南省对于高校科技研究成果的应用、技术的开发与转移重视不够，不能很好地将科技转化成生产力，导致基础学科更多地停留在研究阶段，以申报项目及技术储备为主，并未完全将所研究的成果转化为推进经济和社会发展的有效力量。由此可见，河南省高校在产学研结合方面还存在明显不足，对地方经济转型、产业升级和社会发展的技术支撑能力不足，创新资源和科研成果向企业流动、向产业集聚缺乏内在动力。

对此，相关部门需要根据不同的高校重点学科领域构建产学研的输出平台，支持具有高水平科技创新能力的高校进一步推进科研成果转化。例如，教育主管部门可以牵头中医药类大学将研究成果向制药类企业转化，建立联合的研究实验室，将转化率作为衡量中医药企业创新能力的指标，提高评价创新投入的可靠性；或者搭建财经类院校与企业共享的财务平台，将财经类院校的优秀财务分析经验、管理经验应用于企业的财务实践等。

（二）均衡学科布局

河南地区高校的特点是工科、农学实力较强，在生物医药方面优势明显，能够与地方经济和生态环境紧密结合。但新能源、工程技术、食品安全、装备制造等学科及一些基础学科的建设还需进一步加强，特别是高端装备制造方面与市场需求存在较大差距。同时，师范类高校的科技创新能力极其薄弱，学科布局不均衡，这与师范类高校的自身属性有关。河南教育主管部门需要根据市场动态来扶持新建学科的发展，推动新能源、人工智能、大数据等符合社会发展和实际需求的学科的建设与完善。同时，提高文、史、哲等学科的科技创新成果转化能力。

从政策上对部分高校进行科技创新投入支持，这对于均衡高校学科布局具有重要意义。此外，河南省教育主管部门需要建立完善的创新扶持机制，将对应的资金、资源向优势并不突出但有着较强科技创新能力的高校或学科专业倾斜，保证河南地区高校的均衡发展。

（三）建立高校分级管理机制

不同高校的属性、研究内容及产业化能力存在差异，且每年都在发生变动。传统的粗放式管理已不适应高校发展的要求。为进一步提高高校的科技创新能力，对不同的高校应给予不同的扶持。高校在明确发展定位、确定本校科技创新目标的同时，必须将科技创新、学生实践、学科发展紧密结合，推动三者和谐发展、渗透融合。地方高校应科学运用行政权力，营造宽松的科研氛围，通过学科建设和创新团队建设的方式调动科研人员的积极性和主动性，发挥政策上的导向作用。

根据上文可知，河南省高校科技创新能力和高校全国排名的相关系数为0.855，还有上升空间。政府及相关部门应通过构建产学研密切融合的运行机制，本着开放、合作、创新、共享的原则，积极推进科技创新平台的科学规划与资源整合，以更好地满足河南省地方经济社会发展需求。针对不同分级情况，政府及相关部门应建立不同的分级运行机制：对于分级排名靠前的高校和学科，应积极采用研究成果转化的方式来进行扶持；对于科技创新能力排名靠后的高校，可通过加大资金和人才扶持力度来提高高校的创新能力。

第二节　河南省民办高校科技人才共享与激励问题分析

党的十九大报告明确提出，要完善职业教育和培训体系，深化产教融合、校企合作。为贯彻落实这一重要决策部署，国务院先后出台相关文件，分别从发展方向、发展目标与实施路径等方面，为如何深化产教融合提供了系统的政策指引。就定位于应用型人才培养的民办高校而言，深化产教融合是其有效提升办学内涵、实现高质量发展的现实路径选择。作为我国民办高校重要组成部分的河南省民办高校，在深化产教融合的探索实践中，面临着一些普遍性障碍，其中较为突出的就是科技人才供给不足，激励机制不健全。本节就河南省民办高校科技人才共享与激励问题进行分析。

一、基于产教融合的民办高校科技人才特征

民办高校科技人才是指具有教学、科学研究与技术开发、生产操作等方面的经验或管理能力，并取得国家认可的相应资格证书的民办高校在岗教职员工，其主体是高校专任教师，包括民办高校在编专任教师、外聘兼职教师和产业教师等。基于产教融合的民办高校科技人才，应具有以下两个方面的典型特征：

（一）具有显著的类型多样化与来源多渠道的特征

1.自有科技人才

自有科技人才即民办高校内在编在岗的科技人才，是河南省民办高校科

技人才队伍的主体。以河南省 37 所民办高校为调研对象的相关数据显示，其自有科技人才占比在 50%以上，其中 17 所民办本科高校的自有科技人才占比超过 60%。河南省民办高校自有科技人才的主要来源有三个：一是以高校毕业生的身份从国内外其他高校毕业后直接应聘进入民办高校，专职从事教学和科学研究工作；二是其他高校的高层次人才（副高级以上职称）在本校正式退休后，全职受聘于民办高校；三是在企事业单位从事生产（经营、管理等）的工作人员，具有一段时期的企（事）业单位工作经历，积累了相对丰富的专业生产（经营、管理等）经验，有着相应的水平和能力，因各种原因，与原来的企（事）业单位终止劳动关系并以专职形式受聘于民办高校，主要从事实践操作类的教学（科研）工作。随着民办高校自身环境的不断优化与产教融合持续深化发展的现实需求，第三种来源的民办高校自有科技人才群体数量呈现不断增加的趋势。

2.外聘科技人才

外聘科技人才即民办高校内在岗不在编的科技人才。河南省民办高校的外聘科技人才主要源于其他高校，其身份属于其他高校在编在岗教师，以兼职身份在民办高校相对稳定地从事教学（科研）活动，以相应教学（科研）工作量取得相应兼职酬劳，一般被称为民办高校外聘专任教师。其数量约占民办高校科技人才整体的 20%至 40%，是当前河南省民办高校科技人才队伍的重要组成部分。外聘科技人才的另外一个来源是社会企（事）业单位，即基于产教融合、校企合作或是其他方面的需要，企（事）业单位的专职工作人员以兼职形式受聘于民办高校，定期或是不定期地为相关专业学生提供生产操作（经营、管理等）实践指导，通常被称为产业教师（企业导师）。

3.“双专职”科技人才

“双专职”科技人才即在包括至少一个民办高校在内的两个单位均以专职身份出现，既是一个民办高校的在编在岗科技人才，又是另外一个单位（可能是企事业单位，也可能是其他高职院校，但由于教育部师资数据库填报限制，该类型人才一般不会同时在两个本科类高校以专职身份出现）在编在岗专职人员。相比其他两种类型，民办高校“双专职”科技人才相关条件要求较高，且有较多限制，因此占比相对较低。

（二）具备充分数量的典型的复合型人才群体

首先，民办高校科技人才数量要能充分满足产教融合的客观需求。深化产教融合意味着高校对应用型人才的培养目标与培养方式更为细化，同时也要求培养过程更为完整，培养体系进一步健全，尤其是在之前普遍薄弱甚至存在一定程度形式化的实践操作技能培养环节，更要不断完善培养体系。这就必然要求有数量充足的民办高校科技人才去承担具体的教学任务。

其次，民办高校科技人才应是集系统的专业理论基础、扎实的实际操作技能和丰富的生产（经营、管理等）经验于一体的复合型人才。基于民办高校对应用型人才的培养定位，其所培养的人才必须以经济社会发展的现实需求为导向，真正实现应用型人才供给与社会需求的无缝对接。在此过程中，作为承担具体教学任务的民办高校科技人才，是培养应用型人才的主导者、执行者和参与者。可以认为，民办高校科技人才的整体素质的高低将从根本上决定着应用型人才培养目标的实现程度。

二、河南省民办高校科技人才分布特点

近年来，河南省民办高校持续快速发展。河南省民办高校科技人才分布整体呈现以下特点：

一是本科层次的科技人才数量远高于专科层次的科技人才数量，本科层次的科技人才成为民办高校科技人才的主体。随着高校之间竞争的加剧，河南省民办高校科技人才呈现典型的集聚与分化现象。以郑州工业应用技术学

院为代表的一批民办本科高校，以其相对优越的区位、薪资待遇等条件，吸引着越来越多的较高素质的科技人才加入。与此同时，一些区位条件较差和综合竞争力不强的专科院校普遍面临着科技人才流失的问题。

二是科技人才数量整体偏少。从科技人才数量来看，河南省民办高校与公办高校存在显著差距，并且，民办高校科技人才数量与民办高校数量、民办高校在校生规模存在一定的不协调。

三是科技人才队伍结构仍需优化。河南省民办高校科技人才职称呈现“金字塔”状结构，即具有初级、中级职称的科技人才较多，具有高级职称的科技人才较少。调研数据显示，仅有极少数已经完成或是即将接受教育部本科教学工作合格评估的本科院校中具有高级职称的科技人才比例能够达到30%以上，其他民办高校中具有高级职称的科技人才比例普遍较低，最低的仅为 10.34%。全省民办高校中具有高级职称的科技人才比例平均在 20%。就年龄结构而言，河南省民办高校科技人才年龄具有典型的“两端大，中间小”的“哑铃”状结构。在全省民办高校科技人才中，35 岁以下和 55 岁以上科技人才合计占比在 80%左右，而年龄在 35 岁至 55 岁的中青年科技人才占比仅为 20%左右。

三、河南省民办高校科技人才共享模式实施的必要性与可行性

所谓民办高校科技人才共享模式，即在尊重现有民办高校科技人才身份归属的基础上，将河南省民办高校内不同类型的科技人才作为一个整体，建立一个包括年龄、职称、工作经历、专业特长等在内的完整的、公开的民办高校科技人才数据库，供不同民办高校和科技人才个体根据各自实际情况进行双向自由选择，使有能力且有意愿为其他民办高校提供相应教学、科学研

究或其他服务的科技人才，能够在不同民办高校之间无障碍流动，以充分发挥个体价值，实现不同民办高校之间的各类科技人才的共享。

（一）河南省民办高校科技人才共享模式实施的必要性

较长一段时间以来，河南省民办高校普遍存在着科技人才数量整体偏少、科研成果不足等一些突出问题。这些问题之所以存在，一方面是因为民办高校自身的特性。例如，因缺少政府财政支持、办学经费有限，在薪资待遇、职业发展和工作环境等方面不能很好地满足各类科技人才的现实需要，导致高质量科技人才“招不来、稳不住、留不下”。另一方面是因为现行的教育管理体制。例如，事业编制管理制度造成的科技人才在公办高校与民办高校之间社会地位的不平等，社会上普遍存在的对民办高校及民办高校科技人才的认知偏差等，进一步加剧了民办高校科技人才的不稳定性。在此情况下，民办高校实施科技人才共享模式，可以使得不同民办高校用相对较低的成本，就能获得能满足其教学、科学研究和生产实践所需的数量充足且具有更高综合素质的科技人才，能有效保证民办高校人才培养方式契合培养目标，从而提高人才培养质量。

（二）河南省民办高校科技人才共享模式实施的可行性

第一，从河南省民办高校科技人才共享模式实施动力来看，民办高校科技人才共享的根本目的是提升人才培养质量，为不同产业（企业）发展提供各类技术技能型人才支持。而不断提升应用型人才培养质量，满足经济社会持续健康稳定发展对应用型人才的巨大现实需求，不仅是民办高校科技人才价值的集中体现，更是全社会的共同期待。因此，基于目标的高度统一性，河南省民办高校科技人才共享模式的实施能够实现多方共赢。

第二，从河南省民办高校科技人才共享模式实施的空间条件来看，河南省民办高校在地域上呈现相对集中的分布特征。这种地域上的相对集中布局，能够较好控制科技人才在不同民办高校间流动的各项成本支出，为河南省民办高校科技人才共享模式的实施提供了有利的空间条件。

第三，河南省民办高校在教学与科研工作方面具有较多的共同性，大部分民办高校的科技人才具备在不同民办高校之间交替从事教学与科研工作的能力。同时，民办高校科技人才工作时间的非连续性和相对自由性特点，也为河南省民办高校科技人才共享模式的实施提供了必要的时间条件。

四、河南省民办高校科技人才共享模式实施的保障措施

（一）加大制度供给力度，完善政策支持体系

完善的政策支持体系是河南省民办高校科技人才共享模式顺利实施的前提和基础。政府及相关机构需要在不断优化、完善现有相关政策的同时，进一步加大制度供给力度，探索出台更多的支持河南省民办高校科技人才共享模式的政策和相关实施办法。具体来说，政府层面包括政府及相关部门出台指导意见，就实施河南省民办高校科技人才共享模式给出明确的肯定态度和具体的支持办法；行业层面包括河南省民办高校学会、相关产业协会等联合出台统一的实施方案，就实施河南省民办高校科技人才共享模式提出具体的实施办法与操作细则，如利益分配与补偿办法。

此外，政府及相关机构还要对现有的相关制度和政策规定进行修改与完善，包括民办高校教学质量评价制度、民办高校和企业的职称评价政策、产业（行业）的财政税收政策等，为支持河南省民办高校科技人才共享模式实施提供全方位、系统性的制度保障。

（二）强化组织领导，构建高效的运行体系

强化组织领导，构建高效的运行体系，是河南省民办高校科技人才共享模式实施的重要保障措施之一。各部门和人员的职责与分工应明确，确保各项工作能够有序、高效地进行。此外，政府及相关机构需要建立完善的信息共享和沟通机制，以便及时传递信息、解决问题和协调工作进度。在对河南省民办高校科技人才共享模式实施进行整体规划和科学顶层设计的基础上，建立包括行业协会、民办高校、企业、民办高校科技人才和社会公众代表等不同主体在内的组织机构，对河南省民办高校科技人才共享模式的实施进行合理规划和统一领导，并对其实施过程和实施效果进行常态化监督、评价与反馈；形成由政府引导、行业协会主导、民办高校和企业大力支持、民办高校科技人才积极参与、社会公众有效监督的职责明确、分工合理的高效运行体系，保证河南省民办高校科技人才共享模式得到规范、有序、顺畅实施。

（三）建立信息发布平台，营造公开透明的信息环境

建立河南省民办高校科技人才信息发布平台，是推进河南省民办高校科技人才共享模式实施的必然要求。由于多种原因，当前河南各民办高校之间、民办高校科技人才之间交流时间有限，交流内容较为单一，更多是对已知的公开信息的形式化交流，而对于涉及办学条件和科技人才队伍状况等信息，很难有充分深入的沟通。同时，部分民办高校基于自身实际情况，不支持其科技人才在其他高校从事教学和科学研究等兼职工作，更不会主动向自有科技人才提供相关信息。民办高校及民办高校科技人才队伍之间的大量信息，很多时候是处于各自相对独立的封闭状态。

另外，虽然大部分民办高校都有各自的合作企业，并努力推动校企合作，但这种校企合作更多是一种在特定范围内的学校与企业之间的点对点交流，信息交流范围十分有限。因此，政府应建立河南省民办高校科技人才共

享综合信息数据库，数据库应包括各民办高校不同类型科技人才需求信息、民办高校科技人才信息、不同产业（企业）的生产（经营、管理等）实践岗位供给信息等，为不同供需主体提供充分的交流机会。

（四）转变思想观念，构建开放合作的竞争格局

当前，河南各民办高校由于多种现实问题，比如科技人才队伍流失率较高、稳定性不强，总体生源减少带来的招生竞争压力，学科专业考评的竞争激烈等，存在着激烈的竞争。这就导致很多民办高校在实践中往往将其他民办高校视为对立的竞争者，从而有意或是无意地避开与其深层次的合作与交流。

河南省民办高校科技人才共享模式的实施，需要各民办高校转变旧的思想观念，牢固树立开放、合作、共赢的全新竞争理念，构建开放合作、协同共生的良性竞争格局，进而推进河南省民办高校整体实现高质量发展。

五、河南省民办高校科技人才激励措施实施情况分析

为保持经济持续快速增长，党和国家适时提出了实施创新驱动发展战略。创新驱动发展战略的实施成效，从根本上取决于各类科技人才作用的发挥。包括民办高校科技人才在内的高校科技人才作为一个相对特殊的群体，是创新驱动发展战略实施的重要推动力量。合理设计激励机制，实施激励方案，充分发挥高校科技人才创造力，对于顺利实现区域经济增长动力转变至关重要。

（一）河南省民办高校科技人才激励措施实施情况

笔者调研发现，为充分发挥科技人才的积极性和创造力，河南省各民办高校都制定了相应的激励措施，这些措施也都能够在不同程度上对科技人才

起到一定的激励作用。以下就河南省民办高校科技人才激励措施的实施情况进行简要分析：

第一，河南省各民办高校高度重视科技人才，尤其是高端科技人才的引进，分别结合各自实际情况制定了不同的科技人才引进措施。例如，ZG 学院、ZK 学院、SD 学院、HK 学院等，对于全日制博士研究生、副教授及以上高级职称科技人才，分别给予 13 万至 21 万不等年薪，同时根据科技人才实际情况，给予 5 万至 15 万元不等的科研启动费，2 万至 5 万元不等的安家费，提供免费使用的周转住房，并解决子女随迁入学等相关问题。同时，对于初、中级科技人才，各民办高校也都给予了相应的薪资待遇，以保证科技人才引进渠道畅通，并形成合理的梯队结构。

第二，从制度层面来看，整体而言，河南民办高校都分别以“规定”或“办法”等文件形式，从制度层面对科技人才激励做了相关界定和明确要求。以科研工作量设定与奖励为例，本科高校 ZG 学院的《教师科研工作量考核与管理暂行办法》、HK 学院的《科研工作量计算办法》、ZK 学院的《教师科研工作量计算办法（试行）》、XYS 学院的《教师基本科研工作量管理与考核办法（试行）》、ZC 学院的《科研工作量化考核办法（试行）》等，专科高校 LG 学院的《科研成果登记办法》等，大都对不同学历、职称的科技人才规定了不同的科研任务量，且对不同类型（项目、论文、著作等）、不同层级（国家级、省部级等）的科研成果确定了不同的奖励分值。部分高校还制定了相应的配套文件，比如 ZG 学院的《科研经费管理办法（试行）》、HK 学院的《科研奖励办法（试行）》等，确保科技人才激励措施实施顺畅。但基于民办高校不同层次（本科与专科）的差异，多数本科高校科技人才激励措施较为完善，相关激励措施也基本能够按照相关文件得到实施；专科高校的激励措施相对单一，且在实际实施过程中存在较大随意性。

第三，就科技人才激励措施的形式而言，绝大部分民办高校基于科技人才层次的差异，大多采取的是以物质（货币）激励为主，辅以相关的荣誉激励的形式。例如，ZG 学院的有关科研文件明确规定：各类科技人才只有完成相应的科研工作量，才能得到相应的科研奖励，并设有相应的不同层级的超额奖；如果科研工作量未完成，则该科技人才在年度优秀教师和年终绩效考核中不能被评为“优秀”等级。ZK 学院则规定科技人才完成一定科研任务量比例（70%以上）后才能得到科研奖励，并把科研任务完成情况与教学任务量、教学质量评价等作为科技人才综合考评的核心要素，综合考评的结果是考评对象职称评定、职务晋升的重要参考，以此提升科技人才对科研任务的重视程度。另外，从科技人才科研工作量考核方式来看，一部分高校，如 ZG 学院、ZK 学院等，采取的是年度考核方式，即一年一考核，在下一年度根据考核结果兑现相应奖励。HK 学院、XYS 学院采取的是周期考核方式，一般以 3 年为一个考核周期，在考核周期末，科技人才需完成相应科研任务。

第四，不同高校基于自身定位和各自多方面实际情况，在激励力度上存在较大差异。就本科高校而言，ZG 学院、ZK 学院、HK 学院等规模相对较大的高校，其激励力度尤其是物质（货币）激励力度较大。而一些升本时间较短、规模相对较小的高校，激励力度普遍较小；且个别高校存在不按文件执行的情况，激励随意性较大，例如 ZC 学院等。此外，专科高校因其学校层次和办学定位等原因，对于科技人才及其科研成果的激励力度普遍较小。

近年来，民办高校科技人才群体在科学研究、科技创新方面取得了显著成效。比如，省部级及以上的科研成果、科技攻关项目等一大批标志性成果不断涌现。河南省民办高校科技人才已成为河南高校科技创新主体的重要组成部分。

（二）河南省民办高校科技人才激励措施实施中存在的主要问题

1.激励措施的稳定性较差，适用性不强

（1）激励措施的稳定性较差

调研结果显示，河南省大多数民办高校对科技人才及其科研工作有着各自较为明确的激励措施。其中，所有本科高校都以正式的文件形式对科技人才激励措施做了具体明确的规定，为科技人才激励措施的实施提供了必要的依据。但深入研究发现，民办高校科技人才激励措施的稳定性较差，具体表现在以下两个方面：

一是大部分民办高校关于科技人才激励措施的文件变动频繁，甚至个别高校平均每两年修订一次相关文件，且往往是自发文之日起就开始执行，明显背离了科研工作的周期性规律，且新旧文件中的相关激励措施差别较大。

二是在实施过程中存在随意性。尤其是在博士研究生等高层次科技人才引进涉及的薪资待遇及相关条件方面，即使文件明确规定相同类型、相同条件的高层次科技人才应该享有同等待遇，但在实际中“一人一策”“因人施策”的现象时有发生。激励措施的这种不稳定性给科技人才从事科研工作带来极为不稳定的预期，严重打击了科技人才从事科研工作的积极性和主动性。

（2）激励措施的适用性不强

激励措施的适用性不强是河南省内大部分民办高校科技人才普遍面临的又一个较为突出的问题。大部分民办高校是将校内科技人才作为一个整体来考量的，且更多的是对其某一时点或是较短时期（1 年）的静态考评，缺少对这一整体内部不同个体差异性的充分考评，尤其缺少对不同个体成长路径的动态评价。由此可知，河南省内大部分民办高校科技人才激励措施缺乏针对性，适用性不强。

以 ZG 学院为例，其在关于激励措施的文件中，虽然确定了不同层次（高

级、中级、初级）科技人才应完成的科研工作量（分值），也明确了不同等级科研成果对应的奖励分值，但对于不同层次科技人才应取得哪一等级科研成果并未作出具体规定，经常造成一些项目扎堆申报的现象。并且，部分科研项目的申报对申报人的职称有一定的要求，导致中级及以下层次科技人才处在非常被动的地位。同时，部分民办高校基于多方面考量，在相关规定中，往往对国际顶级期刊发文和国家社科基金项目立项等投入极大关注，常常忽视较低级别的科研项目。客观地说，这种做法不符合民办高校的办学定位，不利于其科技人才队伍整体水平的提高，是一种不切实际的盲目拔高，导致相应的激励措施更多停留在文件层面上。

2.部分教育主管部门存在事实上的认识偏差

毫无疑问，当前条件下，教育主管部门仍是民办高校的主要管理者。基于民办高校的特殊办学性质，部分教育主管部门存在事实上的认识偏差，这种认识偏差直接影响到民办高校的健康发展。尽管河南省相继出台了多项政策、法规，支持民办高校发展，但在具体实践中，部分教育主管部门仍然以公办高校为正统、以公办高校业绩为衡量高等教育得失的重要依据，在高等教育资源（场地、师资、学科专业建设等）配置、各类专项资金扶持、科技人才科研经费投入等方面，对民办高校的支持不足。

（三）基于双因素理论的河南省民办高校科技人才激励方案

双因素理论是美国心理学家赫茨伯格（F. Herzberg）提出的管理学理论。该理论把影响员工工作积极性的因素分为激励因素和保健因素，两种因素分别主要源于工作本身和工作环境。激励因素主要包括成就感、认同感、责任感、晋升机会等，保健因素则主要是组织的管理、工资、工作条件等。

基于赫茨伯格的双因素理论，河南省民办高校应在充分考虑保健因素的基础上，以激励因素为核心，最大限度激发科技人才的内在工作动机，着眼于民办高校科技人才的成长期、稳定期和衰减期等不同时期的特征及相应的需求，在遵循科技人才差异化、激励方式多样化、物质激励与精神激励均衡化的原则基础上，制定具有针对性和可操作性的民办高校科技人才阶段性激励方案。

1.处于成长期的民办高校科技人才的激励方案

第一，针对不同层次的科技人才的实际需求，就相应的薪资待遇、住房条件、社会保障和子女教育等进行妥善解决，满足其基本的生理和安全等现实需要。第二，营造良好的外部科研环境。民办高校应有计划地购置先进适用的科研仪器设备，持续稳定地加大相关科研平台建设投入力度，强化科研梯队建设，不断优化科研条件，为科技人才从事科研工作创造优良的科研环境。第三，加强并完善民办高校科研评价体系建设。包括不同层次科技人才相应的科研任务、科研奖励等关键指标的分级与量化，及与其对应的物质激励与精神激励等细化实施方案，形成完善的、制度化的、客观的、公平公正的科技人才科研工作评价体系，营造有利于科技人才从事科研的制度环境。

“学习与成长”对于该阶段的民办高校科技人才来说至关重要。因此，民办高校应重点在常规科研任务安排、专业科研导师配备、专业研究方向确定、外出培训与学历进修、学术访问与学术交流等方面，对科技人才进行有针对性的统筹安排，不断探索，以形成长期的科技人才培养机制；提供各种优惠条件，鼓励科技人才进行系统的深造，鼓励他们参与到创新能力较强的团队中；布置具有挑战性的科研任务，为科技人才提供更多的参与国内外学术交流的机会；拓宽信息获取的渠道，不断更新科技人才的知识结构。

2.处于稳定期的民办高校科技人才的激励方案

对处于稳定期的民办高校科技人才，民办高校应以激励因素为核心，通过多种激励方式，持续激发并维持其从事科研工作的内在动力。从民办高校科技人才成长期的特点来看，经过成长期的不断努力，进入稳定期的科技人才已经成为科技创新团队的引领者或研究骨干，能够独立负责重大课题攻关项目，拥有代表性学术成果和一定的专业话语权，能够代表高校专业科研水平。因此，该阶段激励措施的重点是采取物质激励、目标激励、荣誉激励等多种激励手段，尤其要重视精神激励对于该阶段科技人才的重要作用。给予科技人才更广阔的科研空间和更多的自由，在科研平台、科研经费、科研团队配置等多方面重点倾斜，将其培育为专业技术骨干和学科带头人。同时，充分利用地方资源，大力支持并鼓励该阶段科技人才立足于区域经济发展实际需要，从事应用性科技攻关工作，推动相关科研成果高效率转化，积极为区域经济发展提供技术与智力支持。

3.处于衰减期的民办高校科技人才的激励方案

对处于衰减期的民办高校科技人才，除持续采取常规方式处理好保健因素，消除其“不满意”之外，民办高校应更多地应用尊重与关怀、肯定与赞美等以精神激励为主的激励方式，给予该阶段科技人才应有的尊重和关怀，肯定其为学校做出的重要贡献，积极为其提供多样化的工作选择，鼓励其参与学校的管理工作，以便充分发挥该阶段科技人才经验丰富、专业知识扎实的优势。

第三节　河南省高职教育产教融合与校企一体化建设

纵观政策导向和学术研究现状，产教融合是我国在产业转型背景下推进高职教育改革发展的一项重大举措。因此，相关研究者需要全面、深入理解产教融合的内涵以及产、教二者之间的关系，以便促进校企一体化建设。

一、产教融合的内涵

产教融合中的“产”是“产业”的简称。随着生产力的不断发展，产业的内涵不断被充实，外延也不断被扩展。相关学者认为，产业是利益相互联系、具有不同分工的各个相关行业所组成的业态总称，泛指一切生产物质产品和提供劳务活动的集合。

产教融合中的“教”即“教育”，是指人类社会分工发展到一定程度后，为满足社会再生产发展的需要及产业对人才素质提出的专业化要求而产生的形式，其目的主要是为社会各行各业培养所需要的人才。本节的“教”特指高职教育。

“融合”指的是两种或多种不同事物合为一体，相关事物之间主要发生质的变化，并成为一种新事物。这种新事物在形式、内容方面可能不同于原有事物，并在质量上有所提升。

因此，“产教融合”是指高职教育与物质生产、社会服务等行业共同开展生产、服务和教育活动，并且形成不同于单纯的教育与产业的另一种组织形式。该组织形式的核心是从事教育、物质生产或社会服务工作，并为产业部门提供合格、成熟的劳动者。其不同于校企合作中企业和高校权、责、利的分配，而是必须形成一个具有不同于高校或者企业功能的新的组织。这个新组织承担着使高校毕业生顺利走向工作岗位且能胜任工作的重任，是高校和产业之间有效衔接的桥梁。

二、产教融合的特点和原则

（一）产教融合的特点

1.产教融合具有双主体性

产教融合之所以很难在只有一个主体的前提下实现，是因为虽然高校是培养人才的主体，但企业是产品生产、技术开发和成果应用的主体，高校很难完成企业的工作，而企业同样无法完成对人才的培养工作。两个主体同时参与的特性就是产教融合的双主体性。

2.产教融合具有跨界性

产教融合是生产力和教育要素发展到一定规模后有机结合的产物。它既有教育性又有社会性，是教育与产业的有机统一。产教融合需要政府的推动和社会的参与，其跨界特征明显。

3.产教融合具有互利性

高校可以从企业那里获得锻炼学生的机会，而企业可以通过高校这一平台提升自己的产能和理论知识应用水平。

4.产教融合具有动态性

产教融合的内容与形式是跟随时代的发展而不断变化的。产教融合意在用先进的理论指导技术，用实操技术对理论进行反馈。只有技术和理论、教育和产业的相互促进、相互融合，才能在真正意义上解放生产力，做到科技创新。

5.产教融合具有知识性

社会发展必须依赖创新，知识是量变的积累，创新是质变的飞跃。产教融合的实质就是校企之间知识的流动和增值。教育通过与产业融合提升品质，产业通过与教育融合得到技术支撑，二者相辅相成，共同实现知识、技术、人才等要素的合理流动。

（二）产教融合的原则

1.互惠共赢原则

高校通过与企业加强信息沟通，根据企业发展和人才需求情况开设专业，建立校企联合或对话新平台，能够更大限度地推进产教深度融合，从而培养出高质量的企业急需的应用型人才。通过产教融合，学校和企业能实现更好的资源互补，使校企在新形式的联合中，内涵和外延进一步拓展，以创造双赢的局面。

2.人才共享原则

在产教融合的模式下，高校和企业应共享各自的优势资源。高校提供理论知识、教学设施和师资力量，企业则提供实践平台、行业经验和市场资源。通过资源共享，双方能够共同培养出既具备理论知识又具备实践经验的高素质人才。

3.政策保障原则

各级政府应从促进校企合作的角度制定相关政策，建立有利于培养应用型人才的激励机制；对配合高校开展产教融合的企业适当减免税费，这样能鼓励企业与高校进行合作；健全安全保障机制，营造有利于发展产教融合的良好环境，提高应用型人才的社会地位和学生走应用型人才成长道路的积极性。

三、产教融合与校企一体化的核心要素分析

（一）产教融合与校企一体化的核心要素

作为产教融合与校企一体化的核心要素，“政、产、学、研、市”分别代表着政府机构、企业、高校、科研机构和市场五个主体。这五个主体的创

新合作，不仅代表着技术创新在上、中、下游及创新环境中与最终用户的对接与耦合过程，也代表技术创新从市场出发，最后回到市场的闭路循环。

“政”，指政府机构。政府机构在地方职业教育发展中具有主导作用，如办学方向主导、政策主导、项目主导、资金主导等。政府机构主要进行宏观引导，制定相关政策和措施，实行市场化运作，使创新成果快速转化应用，实现经济价值。

“产”，指企业。企业全面参与高校教育过程的指导，主要参与高校制定人才培养方案和规范标准，在校企合作中发挥牵线搭桥作用。政府机构应鼓励龙头企业与高校合作，为企业和高校提供行业最新资讯等，指导校企合作。企业也可充分利用自身的资源提供社会需求信息，结合科研机构和高校的研究成果进行产品创新，寻找推动自身发展的动力。

“学”，指高校。高校不仅聚集着大量高级专业人才，而且作为社会人才的培养基地，在知识含量、技术提升、观念更新、信息传播等方面都具有独特的优势。高校必须体现育人服务和社会服务的主体性，发挥自身优势，提供场地、设备和师资，吸引企业参与校企合作，共同培养高技能专门人才。

“研”，指科研机构。科研机构集聚了众多优质创新要素，在技术研发与转移、产业再造和制度创新等方面都发挥着重要作用。科研机构以其研究方向的明确性、研究技术的先进性及专业人才的集聚性等优势，推动着企业以及行业整体的发展。

“市”，指市场，泛指社会需要，是创新的出发点和落脚点。市场在通过自身机制的调节提高人才在社会中的工作效率和生活质量的同时，也承担着评价与检验产教融合与校企一体化人才培养质量的责任。

（二）产教融合与校企一体化核心要素的相互关系

“政、产、学、研、市”联动合作办学模式的特点是在推进校企合作中坚持政府引导、企业指导、院校主导、科研保障、市场运作，从而形成和谐的“生态圈”。

五个主体之间相互支持、相互渗透、优势互补。其通过利益互赢、责任共担、契约化管理等方式，形成一体化的“教育服务利益共同体”，加速区域产业结构转型升级，促进社会创新和区域经济发展。

“政、产、学、研、市”协同创新是一个复杂的社会协作过程，各核心要素之间存在着不同的互动关系（见表 5-1）。

表 5-1　“政、产、学、研、市”之间的关系

核心要素	政府	企业	高校	科研机构	市场
政府	—	为企业提供政策和财政支持，提供公共服务平台	为高校提供科技创新各种中介服务，维护高校科技研究政策环境	为科研机构提供科技创新各种中介服务，维护科研机构科技研究政策环境	政府完善外部环境，提供政策、信息、金融等支持
企业	与政府合作发布相关协同创新信息	—	引导高校进行科技创新，转化高校的科研成果	引导科研机构进行科技创新，转化科研机构的科研成果	企业转化相关科研成果，满足市场需求
高校	高校不仅需要政府搭建服务平台和提供相关科技创新信息，还需要政府提供资金和政策支持	为企业提供科研人才，提供科技创新研究成果	—	为科研机构提供科研人才，与其合作共同进行科技创新研究	高校向市场输出人才，根据市场需求变化调整自身的科技创新方向
科研机构	科研机构不仅需要政府搭建服务平台和提供相关科技创新信息，还需要政府提供资金和政策支持	为企业提供科技创新研究成果	与高校进行科技人才交流，与高校合作共同进行科技创新研究	—	根据市场需求变化调整自身的科技创新方向

续表

核心要素	政府	企业	高校	科研机构	市场
市场	政府根据市场需求实现由创新主导者到引导者的身份转变	企业根据市场需求改变自己的生产需要	市场需求变化决定高校的科技创新方向	市场需求变化决定科研机构的科技创新方向	—

四、产教融合与校企一体化的路径

（一）一体化目标要求

1.专业设置与产业需求对接

高校应随着产业的动态发展调整教学目标、优化专业设置，重点培养区域产业发展急需的技术技能型人才。

2.课程内容与职业标准对接

高校应建立产业技术进步驱动课程改革机制，推动课程内容改革，按照科技发展水平和国家相关职业标准设计课程内容。

3.教学过程与生产过程对接

高校应建立技术技能型人才培养体系，打破传统学科体系的束缚，按照产品生产过程重新编排教学过程，同步深化文化、技术和技能学习与训练。

4.学历证书与职业资格证书对接

高校应完善职业资格证书与学历证书的“双证融通”制度，使职业院校合格毕业生在获得学历证书的同时，也能取得相应的职业资格证书。

5.职业教育与终身学习对接

高校应增强职业教育体系的开放性和多样性，使劳动者能够在职业发展的不同阶段通过多种方式灵活接受职业教育和培训，满足劳动者为职业发展而学习的需求。

（二）一体化平台构建

1.协同育人

产教融合与校企一体化的主要目的和中心任务是培养人才，因此，育人是产教融合与校企一体化的核心。产教融合与校企一体化是一种开放、跨界的教育运行过程，只有通过多方协同联动，以“政、产、学、研、市”立体协同推进为实施手段，创新高职人才培养模式，把人才培养置于多方参与的开放系统中，贯穿教学、生产实践、创新研发和应用服务的全过程，才能适应经济发展方式转变对人才培养的新要求，实现高职教育工作者的教育自觉。

2.协同创新

产教融合与校企一体化是一种新型协同创新模式。这种协同创新主要是通过对各参与主体资源的优化配置，实现整个体系创新的高效性。具体体现在以下方面：各参与主体彼此间实时交流，从而更容易获得人才、资金、技术、信息等资源；各主体之间利用共享平台可以相互学习交叉知识、共同享用研发成果，提高参与主体的技能和核心创新力；通过信息的双向传递，促进各参与主体间长久的交流互动和密切合作，从而推动整个体系持续创新。

3.创业教育

产教融合与校企一体化平台的一项很重要的功能是鼓励并引导学生参与创业创新实践，并将创业与专业、科技、区域产业、政府导向相结合，丰富学生的创业知识和经验、科技知识，培养学生的创业意识，提升学生的创业能力、创新能力。通过这个载体，高职院校可以建立完整的创业实践教育体系。当然，高职院校也要与当地政府、行业协会、企业、新闻媒体及时沟通，整合各种社会资源为创业教育服务，营造有利于学生创新创业的环境。

4.产业调研

产教融合与校企一体化平台融合了大量的企业和相关行业资源。利用“政、产、学、研、市”的联动机制，产业调研相关机构可以深入了解整个行业和主要企业的现状、问题及发展趋势，从而为政府、行业、企业提供咨询建议，为高校提供人力需求报告，为科研机构提供产业需求的一手资料。

5.成果转化

长期以来，“政、产、学、研、市”合作组织的合作机制不完善、成果转化率低等问题突出。校企之间之所以无法真正实现协调发展，是因为成果转化、技术转移是在特定组织制度环境下，通过一定的方式或通道，使技术知识或技术成果在不同利益主体之间传递的。如果只有企业和高校两个“轮子”，是无法有效驱动区域创新经济发展的，必须依靠“政、产、学、研、市”的一体化实现技术转移、成果转化。

（三）一体化课程与教学

1.课程范式项目化

课程范式项目化，指高职院校应将专业知识融入相关的生产项目，根据专业生产过程的关键知识、核心能力安排实践课程。

2.课程组织多样化

课程组织多样化，指实践教学并不排斥传统的课堂教学、模拟性的实训教学等。

3.课程实践生产化

课程实践生产化，指专业的实践课程要突出专业生产的知识特性和技术特性，强调在真实的生产环境中培养学生的专业技术及应用能力。

4.课程成果产品化

课程成果产品化是校企一体化实践教学绩效评价的特殊要求。由于学生是在真实的生产环境中学习的，因此，实践性产品的质量将是评价学生学习态度、知识应用能力及迁移能力的重要指标。

5.课程改革同步化

课程改革同步化，指高职院校按照学生在真实环境中真学、真做、掌握真本领的要求开展教学活动，驱动课程改革；按照企业真实的技术和装备水平设计理论、技术和实训课程，推动教学内容改革；依据业务真实流程设计教学空间和课程模块，推动教学流程改革；通过真实案例、真实项目激发学生的学习兴趣、探究兴趣和职业兴趣，推动教学方法改革。

（四）一体化质量评价

产教融合与校企一体化的质量评价主要依据学习主体、合作主体间的满意程度进行。这种一体化质量评价主要以学生满意度、企业满意度、学校满意度、社会满意度、政府满意度五个维度为指标。其中，学生满意度是最核心的标准，是施行产教融合与校企一体化的重中之重。

服务社会是高职院校的重要职能之一，也是其义不容辞的社会责任。校企一体化不可避免地会产生社会辐射及先导作用，放大高职院校服务社会的功能，让更多的企业共享高职院校的优质资源。政府作为主办方和投资者，是提供教育服务公共产品的主要力量，因此，政府满意度是评价产教融合与校企一体化的办学成效的重要指标。

产教融合与校企一体化质量评价可以从高职院校和生产企业的内部评价，以及行业组织第三方质量评价两个层面进行。高职院校产教融合与校企一体化质量内部评价重点考查产教深度融合的组织与领导、职责履行、人才培养、基地建设、毕业生社会声誉、教师成果转化等方面；生产企业产教融合与校企一体化质量内部评价主要考查技术培训、订单完成、新产品开发、新技术引进等方面。行业组织第三方重点对产教融合与校企一体化是否符合产业发展需求进行评价，并及时进行反馈。同时，通过制定具体标准，开展产教融合与校企一体化督导检查，合理设计各种奖惩措施，以调动产教融合与校企一体化各参与方的积极性。

五、产教融合与校企一体化的方式

（一）职业教育集团化

职业教育集团化就是将经济学领域中的“集团化”经营模式引入职业教育领域，是在市场经济推动下，在职业教育领域进行的符合职业教育办学规律的体制创新。其内涵是以职业教育为核心，在采取创建、联合、兼并、合资等方式的基础上联合其他职业教育主体，由职业院校、企业、行业管理部门、中介机构等共同组建职业教育集团。其目的在于联合企业，依托行业，在有关中介机构的指引下，强化职业院校之间、职业院校与企业之间的联系，有效地整合教育资源和经济资源，从而实现资源共享。

职业教育集团化是有效调整职业教育办学结构，进一步丰富、整合教育资源，减少重复建设，不断提高人才培养水平，使职业教育更好地服务地方经济，实现职业教育规模化、市场化、集约化的一条重要途径。在职业教育集团内部，招生即招工，招工即招生，人才进入职业院校接受岗前培训，或半工半读修满学分后获得毕业证书。职业院校的学生也可转入“双制班”，根据企业订单要求，灵活安排学习和实践、生产，在做中学，在学中做，毕业即在职业教育集团内部就业。然而，职业教育集团在发展过程中，也存在实际办学效果欠佳、各成员单位参与集团办学的积极性不高、集团的各成员单位及利益相关者的诉求难以得到满足、部分地区职业教育集团成为政府和学校的政绩工程等现象。因此，职业教育集团需要通过政府引导、明确集团定位、健全机制、打造品牌等措施，提升职业教育集团化水平，达到资源整合与多方共赢的目的。

（二）“校中厂”和“厂中校”

“校中厂”就是职业院校将企业的生产设备、技术人员等资源引入学校，与校内设备、资源进行整合，按照企业要求组织生产和科研，按学校要求开展教学，是一种集教学、生产、科研于一体的校内合作办学模式。校办企业既承担着创收任务和市场风险，又承担着一定的教学实习任务和培养责任，集教学、科研、生产、培训等多种功能于一体。对于人才培养来说，实训基地成为社会经营性企业的缩影，让学生能够依托自己的专业，通过参与生产经营，转变为职业人。该模式强调人才培养的系统性，有利于学生的全面、可持续发展。然而，该模式创设的人才培养环境比较单一，对人才培养的成本问题考虑得不多，学生更多按照学校设计的企业岗位角色进行参与式学习，岗位适应能力提升较慢。

“厂中校”就是由合作企业提供实习场地和学生宿舍等教学、生活设施，学校提供必要的实训设备和人力资源，双方共享先进设备、前沿技术等优质资源，以提高校外实习效果和企业生产效率为目标的一种合作模式。这种企业主导型的高职院校一般具有企业办学的传统，即企业就是高职院校的主办方，高职院校为企业的一个附属部门。企业主导型模式的特点是效益成本观念明确，突出企业价值观、企业文化，强调职业性和企业团队精神。“厂中校”办学模式有利于集约化人才培养，企业的价值观直接作用于学生培养过程；学生的培养严格按照企业的岗位能力需求进行，充分体现了工学结合的高职教育思想。明确的职业人身份定位能够使学生尽快适应岗位能力要求，减少企业对毕业生资源二次开发的成本。不过，企业的效益会直接影响人才培养模式的选择和教育投入，从而影响学生的可持续发展能力。

（三）校企合作发展联盟

如何基于企业和学校两类不同社会组织的管理体制和运行机制差异，使政府出政策、行业出标准、企业出资源，各方联动系统培养高素质高技能人才？组建校企合作发展联盟就是解决该问题的有效方法。由一所高职院校牵头，组建校企合作发展联盟，将资源依赖与资源互补相结合，在合作过程中动态选择合作企业和合作项目，会提高资源配置效率。

校企合作发展联盟就是全体成员组成理事会，各理事单位均为独立法人，在理事会内具有平等地位。理事会设立由理事长、常务副理事长、副理事长、秘书长、副秘书长组成的常务理事会，下设秘书处。联盟理事会制定理事会章程、理事会经费及资产管理办法，规定理事会的职责、理事会的组织机构、理事会的权利和义务等多项内容，有效保障校企合作发展联盟的顺利运行。

六、产教融合与校企一体化的师资队伍建设——以河南省 Y 职业学院为例

针对目前高职院校师资队伍建设存在的问题，河南省 Y 职业学院依托学园城协同育人平台，以机制创新为切入点，在全方位培养教师专业实践能力及激发教师教学活力等方面进行了有益的尝试。

（一）创新构建“双师、双薪、双岗”的教师队伍管理机制

河南省 Y 职业学院依托“三大园区”的教育功能，创新构建了“双师、双薪、双岗”的教师队伍管理机制。具体来讲，河南省 Y 职业学院为培养“双师”素质教师，特别是为提高年轻教师的专业实践能力，积极发挥学园城联动办学的优势，挖掘各方资源，使教师可以有双重岗位、双重收入。

（二）“双师、双薪、双岗”的教师队伍管理机制的实践探索

在实践中，河南省 Y 职业学院通过制度创新、管理创新保障了“双师、双薪、双岗”的教师队伍建设，发挥了学园城办学的优势。

1.依托园区企业，实现实质性的技能提升

河南省 Y 职业学院依托电子信息研究院，以真实项目为载体，让专业教师和学生通过完成真实项目提高技能。例如，电子系余老师，从 2018 年开始，随电子系教师团队入驻电子信息研究院电子产品工作室，教学能力和科研水平快速提升，并于 2020 年被评为该校优秀教师。

河南省 Y 职业学院的岗位设置有教师岗位、科研岗位，科研岗位的教师需要完成的教学工作量比专业教师少，可以将大量时间投入科研工作。余老师入驻电子信息研究院后，申请转为“教师科研岗”。在系部，他是专任教师；在研究院，他是项目工程师。他的收入也是“双薪”。每天除上课外，他都在园区工作室与团队共同开发项目。近年来，他所在的研发团队开发了按摩椅控制系统、物联网报警器、智能视力检查仪、地掷球比赛计分系统、眼底荧光造影机同步采集控制装置、大功率无线照明控制系统等。经过几年的实践，以余老师为首的项目团队完成了一批有实用价值的应用型项目，为企业创造产值 100 多万元。此外，余老师还把项目内容引入课堂，让学生受益匪浅。在课题研发过程中，他让学生参与项目的实际研发，使学生的专业技能得到很大的提高，他指导的学生在 2019 年及 2021 年两届校级大学生电子设计竞赛中，均获得了第一名的好成绩。

河南省 Y 职业学院实行的“双师、双薪、双岗”教师队伍管理机制，不仅需要有相关的管理制度为之保驾护航，还要有配套的创新教学管理系统。该学院采取学分制、学分替换、课程免修等举措，确保科研与教学的深度结合。

2.依托地方政府，通过挂职锻炼提高综合能力

为了适应专业建设和教学创新需要，完善教师的知识结构，提高学院教育水平，进一步提高社会服务水平，发挥高校人才库和智力源的作用，近年来，河南省 Y 职业学院派出 10 多名专业教师到对口的政府部门挂职锻炼。例如，旅游管理专业的周老师，2014 年在自愿申请后，被派到当地政府接待办接待一处，挂职一年，任副处长一职。

周老师在接待办的主要工作是公务接待，接待厅级以上来宾，并为市级层面各项会议提供餐饮、住宿、考察、会见、会谈等后勤接待服务，同时为领导到外地考察学习提供后勤保障。这种接待工作与旅游接待性质相同、程序相近，业务知识与周老师的教学专业（旅游管理）知识相通。2014 年 2 月至 10 月，他共接待 36 批来宾，共 934 人次，其中部级以上 7 批，厅级以上 25 批，另有警卫任务 2 次，大型会议 3 次。在此期间，他还完成一项关于公务人员住宿费用报销制度的调研工作，参与了接待工作流程的修改与完善工作。此外，他还完成了一项政研室课题。

学校是知识的海洋，同时也是象牙塔。学校中人与事的单一性造成了教师视野的局限性。通过挂职锻炼，教师走出校门，与社会、行业、企业密切接触，用心感受不一样的人和事，开阔了视野，拓宽了知识面。通过挂职锻炼，教师深入社会、行业、企业一线，真正了解社会、行业、企业需要什么样的人才，根据实际需求优化教学内容，根据技能特点创新教学模式，使课程改革取得实质性成效。

刚进入学校进行教学的教师，普遍存在实践经验不足、讲解缺乏趣味性、教学方式缺乏创新等问题。挂职锻炼使教师丰富了人生阅历，丰富了实战经验，丰富了课堂案例。同时，教师将鲜活的案例及丰富的经验融入教学，既能创新课堂教学模式，也能给课堂教学增添活力。正是得益于此，周老师在学院组织的说课比赛中获得第一名，在校青年岗位技能大赛中获得第二名。

3.依托知名高校，带动师资队伍建设

河南省 Y 职业学院在师资队伍建设方面，积极依托与知名高校的合作，通过一系列的合作项目和交流，有效地提升了师资队伍的整体素质和教学水平。

河南省 Y 职业学院与国外知名高校建立了合作办学关系，双方共同推动优质资源共享，促进文化交流与传播，不仅为学生提供了更广阔的学习平台，也为教师们搭建了一个与国外优秀教育工作者交流的平台。

借助知名高校的教育资源，河南省 Y 职业学院定期组织教师进行系统的培训。培训内容涵盖教学方法、课程设计、教育技术等多个方面，旨在帮助教师更新教育观念，提升教学技能。通过与知名高校专家的深入交流，教师们能够接触到最前沿的教育理念和实践经验，从而不断提升自身的专业素养。

此外，河南省 Y 职业学院响应河南省教育厅的号召，聚焦培育同时具备职业教育教学能力和工程实践与科技服务能力的“双师型”教师。

4.借助国家师资培训项目，提升教师能力

河南省 Y 职业学院积极参与由河南省教育厅启动实施的职业院校教师素质提高计划国家级培训项目。这些项目包括专业带头人课程实施能力提升、骨干教师信息技术应用能力提升等多个方面，旨在全面提高教师的教育教学能力和专业素养。

通过参与专业带头人课程实施能力提升项目，河南省 Y 职业学院的教师们深入学习了职业教育国家教学标准体系、课程思政实施、人才培养方案和教案编写与实施等内容。这些培训内容不仅提升了教师们的课程设计和实施能力，还有助于他们更好地将理论与实践相结合，提高教学质量。

在骨干教师信息技术应用能力提升项目中，河南省 Y 职业学院的教师接受了现代化教育技术的培训。他们学习了利用信息技术优化课堂教学、制作高质量的教学课件和微课等技能，从而更好地激发学生的学习兴趣，提高教学效果。

（三）实施教师教学能力过关考核，全面提升教师综合素质

1.过关考核的指导思想

为促进教师专业成长，全面推进教师教学能力的提升和课堂教学水平的提高，河南省Y职业学院实施了三年一轮的教师教学能力过关考核。

河南省Y职业学院以深化课堂教学改革为重点，以提高全校教师的教育教学能力为宗旨，通过实施“三个一”的教学能力过关考核，加快青年教师教学能力的提升，促进全校教师转变教育观念、提高教学技能、提高职业素养。

2.过关考核的具体方案

2020年12月至2023年12月，学院通过为期3年的教师教学能力过关考核来提高广大教师的教育教学技能。考核对象主要为具有中级及以下职称的专任教师。

符合以下条件的教师可免除考核：在近三年的六次学期教学工作考核中获得三次及以上一等奖的教师；近三年获得学院说课比赛一等奖、二等奖的教师；近三年代表学院参加杭钢集团说课比赛获得前六名的教师。

“三个一”教师教学能力过关考核的内容是做好一个单元教学设计、上好一堂课、说好一门课。“做好一个单元教学设计”是指教师要依据专业培养目标和课程教学大纲的要求，结合课程特点、学生的学习特点和教学实际进行单元教学设计，构思要新颖有创意，教学结构要完整、合理。“上好一堂课”是指教师要体现以职业活动为导向、以能力为目标、以学生为主体、以项目为载体的理论实践一体化课堂特点。“说好一门课”是指教师要将对教学大纲的理解、对教材的把握与运用、在教学过程中采取的教学方法手段，以及对学生学习方法的引导等一系列教学元素清楚地展示出来。

教师教学能力过关需要“三个一”的各项内容独立达标，不能互相冲

抵。单项学期的考核未能达标的，可顺延单独考核。三个项目考核均达标的教师，获得河南省 Y 职业学院教师教学能力过关合格证。

河南省 Y 职业学院成立了专门的教师教学能力过关考核领导小组。该小组的主要职责是全面负责过关考核工作，负责组织必要的讲座和集中指导，制定组织方案和评价标准，抽查执行情况，组织过关评审，确定过关达标结果等。领导小组办公室设在教务处。高职所、院督导、教务处、各二级院（系）等配合组织此项工作。原则上，课堂教学考核由院督导牵头；单元教学设计考核由教务处牵头；说课考核由各二级院（系）负责组织，并将具体安排报领导小组审核，领导小组安排巡视人员指导说课过程，评定说课成绩。

此外，接受“三个一”教师教学能力过关考核的教师，要在每个学期初提出申请，由所在院系汇总、审核后交教务处，由领导小组进行组织安排，并采取单元教学设计检查、随堂听课、说课比赛、个别访谈、学生座谈等方式进行考核，期末公布过关名单。学院会优先推荐获得合格证书的教师参加高一级职称评审、定级、转正及职称聘任。各部门教师教学能力过关考核的组织及结果情况将作为部门负责人考核和部门考核的依据之一。

七、产教融合与校企一体化质量评价体系的构建

（一）质量评价体系构建的基本原则

1.导向性原则

产教融合与校企一体化质量评价体系的构建是推动专业人才培养质量不断提高的重要保障。评价体系应明确反映产教融合与校企一体化的核心目标，即提高专业人才培养质量。相关的评价指标应围绕学生的职业技能、创新能力、实践能力和职业素养等方面进行设置，确保评价内容与人才培养目

标相一致。

2.科学性原则

科学性原则主要体现在理论与实践相结合，以及所采用的科学方法等方面。评价体系要在理论上站得住脚，能够反映被评价对象的实际情况；评价体系要能够在基本概念和逻辑结构上严谨、合理，能抓住评价对象的实质，并具有针对性；评价体系还要具有很好的实践操作性，能够体现考核全面、规范和方便等特点。

3.多元性原则

评价体系构建是一个较为复杂且涉及面较广的工作。鉴于考核对象的不同，产教融合与校企一体化的评价可以使用校内和校外两个考核体系。校内评价主要是教师评价、教学管理评价、学生学习评价、学生评教、专家评教等；校外评价主要是企业对毕业生质量进行评价、社会中介组织对学校人才培养效果进行评价、毕业生对学校培养效果进行评价、政府组织对学校教学水平进行评价。也可以采用理论和实践教学相结合的考核方法，或者由理论教师、实践教师、学生、教育管理者等多元主体确定评价内容。

4.效益性原则

基于产教融合的校企合作仍然是一种关系的合作、利益的合作，需要认真处理好公益性与市场性、服务性与效益性、合作性与竞争性的关系。争取在公益办学基础上获得最佳经济效益，通过专业人才培养的课程链与企业生产链之间的连接，促进产教融合效益提升。

在构建质量评价体系时，要明确评价的具体目标和预期的产出成果。这些目标应与高职院校的教育理念和产教融合的战略规划相一致。参与主体应通过设定明确的目标，确保评价活动具有明确的方向性和针对性，从而避免资源的无效投入和浪费。为了提高评价的效益，应选择与评价目标紧密相关的评价指标。这些评价指标应能够全面、客观地反映产教融合的实际效果，如学生的技能提升情况、毕业生的就业率、企业对学生的满意度等。同时，要避免设置过多、过于复杂的评价指标，以降低评价的操作难度和成本。在数据收集方面，应充分利用现代信息技术手段，如在线教育平台、大数据分析工具等，以提高数据收集的效率和准确性。同时，要对收集到的数据进行深入的分析和挖掘，从中提炼出有价值的信息和规律，为改进产教融合与校企一体化模式提供科学的决策依据。

（二）质量评价体系的要素

1.组织保障

（1）校内评价监控组织

校内评价监控组织主要负责撰写学校年度教学质量报告、全校专业评估、学校教学质量评估，以及学校教学基本数据采集等工作。该组织要独立于各分院系，组织成员要能够脱离具体的专业教学。

（2）教学指导委员会

各专业或专业群均设有教学指导委员会。该委员会的组成要充分考虑专业带头人、产教深度融合的企业，以及在读或毕业学生和学生家长的代表，从不同角度完善产教融合与校企一体化的专业人才培养质量评估体系。

（3）校企合作委员会

校企合作委员会的主要职责是监控实训实习的质量，搭建校内外实训基地，完善企业专家数据库，搭建产教融合的沟通交流平台等。校企合作委员会要引导高职院校做好人才需求预测，积极进行课程改革，开展人才培养质量评价等。由于企业是产教融合的重要推动力量，校企合作委员会要充分调动企业的积极性和责任心。比如，鼓励企业全面参与学校管理运行全过程，引导其积极探索“双元制”培养模式，与高职院校共同开发课程教材、交换专业技术人员、开展联合科研、共建技术中心，以及为高职院校提供实习实训基地。

2.评价内容

（1）对教学质量的常态化评价

对教学质量的常态化评价可以分为内部评价和外部评价两方面。

内部评价可以分为学校评价、系部评价和教师评价，其重点评价的是产教深度融合的组织与领导、职责履行、合作成果、人才培养方案、项目建设、基地建设、毕业生社会声誉、教师成果转化等方面。校内评价以教学督导、专业评估为抓手，组织教育专家、专业领域专家和教学管理部门对以上内容进行全面、定期的评价。

外部评价包括对学生岗位适应度、技术培训情况、订单完成情况等方面进行评估，以提升高职院校专业人才培养水平。

（2）开展实训场地评估与调研

实训教学是学生岗位能力培养的重要环节，实训教学的实施对实训场地的条件、实训设备的配备等物质保障水平有较高的要求。校内外实训教学评估应注重对教学时间、实训场地、设备设施等保障条件进行评估，尤其是对实训场所建设、运行、管理等方面进行评估，对发现的问题要及时提出整改意见，并加以落实。评估小组要制定定期进实训场地调研的制度，并将调研评估结果在一定范围内进行通报。

（3）重视对学生学习过程和学习效果的评价

在校企合作过程中，校企双方都会在人才培养标准、课程内容设置，以及岗位的基本技能方面进行全面的研讨，并形成一系列理论教学模块、技能教学模块、素质教育模块等，这些模块也是校企双方监控的重点。然而，在实际的评价体系中，高职院校对学生学习过程的评价以及学生学习效果的评价往往不够重视，而这些恰恰是企业选拔学生的重要标准之一。其中，实践过程的技术指导与技能评价，以及对毕业设计所体现的技术创新能力和学术素养的评价是最能充分反映学生学习过程和学习效果的，加强对这两个方面的评价有利于人才培养质量的提高。

3.评价方式

（1）量化考核

河南省高职院校均设置有一系列的考核，如学生评教、督导教学评价、专业评价、课程考核、职业资格考核等。即便如此，质量评价体系中还存在一些无法准确量化的产教融合人才培养评价内容，如对校外实训指导教师的评价、对工学结合定岗实训过程的评价、对校内外实训场地设备条件的评价，以及对企业参与度的评价等。河南省高职院校应逐步完善评价指标，将无法准确量化的评价指标逐步进行量化，最终形成一个较为系统和完善的量化考核体系。该考核体系应能体现理论教学和实践教学的过程、质量，可以对学生的技能、学识、素养，以及发展潜力进行较为准确的评价。

（2）信息化监控

现阶段，评价过程涉及的空间场地范围逐步扩大，按照模块化、岗位化进行的教学建设正在细化，教学过程涉及的管理、服务、教学等角色众多，形成的考核数据量也非常大。要快速分析和处理这些信息，如果仅依靠传统的人工处理方法，那么所需要的人力、物力和时间投入将是巨大的，甚至无法完成教学质量评价工作。利用智能终端和现代信息技术，可以方便原始信息的采集、大量数据的统计分析，以及最终分析报告的传阅与公开。

（3）自我评价与第三方评价结合

传统的教学都很重视学校内部的质量评价工作，随着上级教育主管部门对教育质量评价的逐步放开，第三方质量评价机构的市场正在形成。充分利用第三方质量评价机构的资源和相对独立性，可以更全面、客观地反映教学质量的真实情况。具有官方背景的教育评价研究院，具有专业人才的专业评价机构，或者行业组织等都可以成为具有说服力的第三方质量评价机构。如行业协会作为校企合作的第三方，承担产教深度融合的质量评价工作，可以按照行业标准，对产品生产过程、技术研发过程、实习实践课程教学、教师下厂锻炼、员工在岗培训、人才培养方案是否符合行业、产业发展等进行评价，按照企业具体评判标准评价学生的成绩，反馈生产企业对职业院校人才培养的意见，以及职业院校对搞好企业生产的建议，不断引导和规范产教深度融合。

（4）建立激励制度

产教融合与校企一体化质量评价的主要目的是不断引导和激励校企积极承担人才培养的重任，为地方经济产业转型提供人才支持。政府相关部门应定期开展产教深度融合督导检查，在此基础上合理设计各种奖惩措施，奖励那些产教深度融合效果好的生产企业、职业院校、当地社区和行业组织，同时对违反产教深度融合相关法律、规定、政策的生产企业、职业院校、当地社区和行业组织进行惩罚。

第六章　我国典型区域科技人才共享分析

在科技迅速发展的时代，推进区域科技人才共享对促进科研成果转化、解决人才与创新资源空间分布不均衡问题、提升全社会人才质量有着重要意义。本章对我国典型区域进行的科技人才共享实践进行详细介绍，为河南省校地科技人才共享模式的构建提供参考。

第一节　粤港澳大湾区科技人才共享

在知识经济时代，知识和创新始终在全球经济发展中发挥重要的推动作用。粤港澳大湾区作为我国的产业科技创新中心，十分重视科技人才的引进和培养，打造了研发与技术转化中心以及信息共享平台。当地政府也一直在加大对科研项目和科研人才的投入力度，不断探索科技创新合作新模式。

一、粤港澳大湾区科技人才共享现状

粤港澳大湾区作为我国科技创新资源集中、新兴产业蓬勃发展的区域之一，已经成为我国参与全球产业和科技竞争的重要空间载体。近年来，我国共享经济蓬勃发展，并成为我国未来经济发展的趋势之一，而科技人才是经济发展最重要的推动因素，因此，区域间科技人才的共享也势在必行。高端科技人才的稀缺导致一系列问题的产生，使得粤港澳大湾区各政府在科技人才共享方面达成了相当程度的共识，并开始探索和创新人才合作模式。

现阶段，粤港澳大湾区正在积极布局各类科创平台，定期举办各类型科研成果交流大会，着手打造科技创新走廊，加快各项基础设施的建设等，这为科技人才共享奠定了雄厚的基础。但是，从粤港澳大湾区科技人才共享实际情况来看，粤港澳大湾区仍然面临诸多问题，具体如下：

（一）科技人才流通不畅

粤港澳大湾区科技人才流通不畅的问题已经成为钳制当地经济协调发展的重要因素。科技人才流通不畅一方面表现为科技人才信息共建共享机制不够完善，以及科技人才信息流通渠道较窄。政府虽然一直在鼓励和提倡科技人才共享，但由于科技人才本身具有稀缺性，现有的共享范围具有极大的限制性，科技人才的流通渠道并未真正打通。另一方面表现为各行政区间的人才政策衔接不紧密，阻碍了科技人才的流通。比如，内地和港澳两地创新人才的签证和社保政策具有较大差异；各类人才注册环节和审批环节复杂，各类流程极其耗时等。这些充分说明粤港澳大湾区缺乏统一规范的人才流动机制，并未实现人才资源的优化配置，造成了科技人才资源的浪费。

（二）各地科技人才产出不均

在粤港澳大湾区，新兴产业是引领产业结构优化升级的动力源泉，而这些新兴产业发展所需的各类科技人才资源，又主要来自高校，所以科技人才的产出不均首先就表现为高校的人才产出不均。

1.地区之间的高校学生数量不均

粤港澳大湾区大量高校聚集于一线城市，导致在校大学生大量地聚集于这一区域，二三线城市拥有的在校大学生和一线城市相比数量十分少。

2.高校学生水平不均

粤港澳大湾区部分高职院校、普通本科院校的师资和学生培养方案与国家重点高校的师资和学生培养方案具有一定差异。高职院校、普通本科院校的学生在技术应用性和市场的对口性上较有优势，但是和国家重点高校培养的学生比，在科研能力和学术水平上处于劣势地位。且高校的数量有限，产出的人才难以满足粤港澳大湾区对较高层次科技人才的需要。

（三）科技人才需求同构现象严重

近年来，粤港澳大湾区第三产业比例持续攀高，已超过第二产业成为整个粤港澳大湾区的支柱性产业。尤其是香港和澳门的第三产业高度发展，两地都需要大量的高端科技人才。

粤港澳大湾区内的次发达城市多以高端制造业为主要产业，在吸引科技人才方面势必会产生激烈的竞争。产业的同构性导致各地对科技人才的需求都较为相似，产生了各地科技人才需求同构的问题。其中，香港、深圳等地区高度发达的金融业和高端服务业所产生的人才需求高度类似，广州、深圳等地区在信息、传媒、创意等新兴产业上也存在着对同类型人才的需求。

根据粤港澳大湾区产业发展定位和发展规划，当地政府若不做好地区间产业协调和分化工作，各地区科技人才需求的同构现象会愈发严重，它们不可避免地会在经济发展和人才发展的双轨道上展开激烈竞争。

（四）尖端科技人才相对匮乏

根据近十年粤港澳大湾区的流动人口受教育情况统计数据，该区域流动人口的受教育程度有持续提高的趋势。其中，具有初中、高中教育水平的流动人口在减少，接受过本科教育的流动人口在总流动人口数量中占比较大，更高学历的流动人口，如博士的比例有所提升，但仍然不高。

根据粤港澳大湾区教育体系来分析，顶尖高校多分布于香港地区；澳门因行政区面积较小，高校总体数量并不多；广东省拥有较高师资水平、教育水平和科研能力的高校占比也不多。因此，尖端人才的匮乏依旧是粤港澳大湾区打造创新高地的制约因素。尖端科技人才依旧是整个区域人才引进的重点，这也从侧面反映了粤港澳大湾区现有科技人才储备量相对于区域发展需求而言远远不足。

（五）特殊人才流失难控

粤港澳大湾区的部分城市存在特殊人才流失难控问题，一方面表现在企业的业务转移，另一方面表现在人才因压力、发展前景等因素倾向于选择其他城市。这一问题导致区域内不同城市的产业集聚程度和不同产业间的科技人才集聚程度有很大的不同。

二、粤港澳大湾区科技人才共享的阻碍因素

科技人才共享是区域经济发展的重要助推因素。目前，国内对于科技人才流动以及科技人才共享问题研究较多，尤其集中于对河南省、环渤海经济圈和长江三角洲等地区科技人才流动和共享问题的研究。各地区也纷纷制定

了各项措施以促进科技人才共享，这给粤港澳大湾区的科技人才流动和共享提供了充足的理论基础和实践经验。

粤港澳大湾区内的政府及相关机构同样意识到了要想促进该区域经济发展，就要实现人才要素的自由流动和共享，又因为科技人才要素在经济发展中占有重要位置，所以实现科技人才要素的自由流动和共享是人才要素自由流动和共享的重中之重。人才要素流动只是实现人才共享的第一步，对于粤港澳大湾区来讲，还存在着体制机制不健全和政策法规不完善等诸多问题，亟待政府去一项一项地解决。

（一）高等教育的地区失衡

1.学术交流与合作不足

尽管粤港澳大湾区内的高校之间已经开展了一些学术交流活动，但从整体来看，这些交流还不够频繁和深入。高校之间的合作也有待进一步加强，尤其是在科研合作、教学资源共享以及学术交流等方面。学术交流与合作的不足，不仅限制了粤港澳大湾区高等教育整体水平的提升，也阻碍了学术研究的进步。

2.教育质量参差不齐

粤港澳大湾区虽然拥有如香港大学、中山大学等知名高校，但同时也存在一些办学水平相对较低的高校。这种教育质量的差异，使得学生和家长在选择高校时面临一定的困难。

教育质量的参差不齐会影响粤港澳大湾区对科技人才的整体吸引力。为了提升整个区域的高等教育水平，粤港澳大湾区需要加强对办学水平较低的高校的支持和引导，促使其提高教育质量。

3.政策支持与资金投入存在差异

政策支持和资金投入差异也是影响粤港澳大湾区高等教育地区失衡的重要因素。不同城市和地区在高等教育方面的政策支持和资金投入存在差异，这加剧了地区间的高等教育失衡现象。为了缓解这种失衡状况，政府及相关机构需要加强统筹规划，提供相应的政策支持，确保各地区在高等教育方面都能得到相应的发展机会。

（二）科技人才的激烈竞争

粤港澳大湾区科技人才分布不均衡，是各地经济、政策、地理位置、环境等因素导致的。在这些因素中，人才竞争是导致粤港澳大湾区一部分城市科技人才大量聚集，而另一部分城市科技人才大量流失的重要原因。

近年来，科技人才的竞争愈演愈烈。一方面，在全球化竞争的大背景下，各国为保持本国的创新创造活力，提升国家的竞争力，纷纷根据本国需要，在不同层面上制定了高端人才计划，以培养和吸引不同领域的高端人才。美国以其科技人才的超高薪制、充足的科研经费吸引了世界各地大量的科技人才的聚集；澳大利亚、加拿大、新加坡等国家为了满足本国高端人才需求，通过发放各项高额的资金补助、研究经费，制定特定的学业扶持项目、资金支持项目等措施，吸引了大量高学历留学生和学者。这种世界性的“人才之战”既给一些国家和地区带来了极大的经济效益，又造成了相当大的负面影响。

另一方面，粤港澳大湾区内外人才争夺战如火如荼，多省市相继出台人才新政，极大地推进了人才的本土化。尤其是山东半岛、中西部地区的三四线城市和部分二线城市，多次出台相关政策，以吸引各类人才。粤港澳大湾区内的各个城市也相继制定了各项极具吸引力的人才吸引措施和政策，虽然在一定程度上能够减少科技人才的流失，但从整体看，政策和措施的吸引力与其他地区相比还存在一定差距。

（三）产业结构趋同的制约

合理的产业结构不仅能实现各地间的优势互补，也能够防止各项资源的大量浪费，粤港澳大湾区在产业结构的合理性方面还有待提高。早在 2012 年，学者蔡磊、李明广就采用了定量测度方法对珠三角地区产业发展状况做了研究，发现整个珠三角地区产业结构的差异不明显，各城市间的产业结构存在相似性。其中一个主要的原因就是步调一致的产业转移和升级。自依托香港、澳门的回归以及我国加入 WTO 等一系列重大事件，珠三角地区迎来经济整合和新一轮产业调整的良好机遇之后，整个珠三角地区不满足于前店后厂的发展模式，纷纷开始进行产业的调整和升级，各市均以追求经济发展为目标，导致产业在变动发展的过程中出现了结构高度相似的趋势，并未形成粤港澳大湾区应有的合理产业布局。产业结构趋同现象也间接导致了人才需求的同构性，使得人才资源配置效率低下，严重影响着经济发展。

粤港澳大湾区产业结构趋同现象，在地域上主要表现为相邻一级城市、一级城市和辐射范围内的二级城市之间产业结构趋同现象严重；在产业类别上，主要表现为新兴产业、制造业和服务业的趋同现象严重。同时，各类趋同产业还不乏各行政区的支柱性产业，间接加剧了各地对同类型高端人才的争夺。

三、粤港澳大湾区科技人才共享机制发展的路径

（一）健全科技人才保护法规

随着经济全球化和知识经济时代的到来，国内各地竞相出台政策争夺高端科技人才，科技人才争夺战所引起的科技人才流动问题已十分明显。要合理配置科技人才资源，促进科技人才合理有序流动，十分重要的一点就是建

立健全更加符合国情、符合经济发展需要的人才保护法律法规体系，营造良好的法律环境。

由于科技人才的流动涉及政、经、科、教、文等多个领域的事项和问题，所以国家在出台相关法律法规时需要花大量的时间做好立法前的各项准备，对国外一些科技人才大量聚集和科技人才流动状况良好的国家的法律法规体系进行研究和思考，重视人才立法的复杂性和综合性。在现今人才资源争夺极其激烈的状况下，相关部门应尽快完善有关科技人才流动与共享的法律体系。

粤港澳大湾区作为开放型经济的试验区和桥头堡，应当在国家法律框架内，制定出能在粤港澳大湾区内通行的、与国际接轨的法律制度。一是要完善科技人才使用和流动方面的法律，防止科技人才在流动过程中受到地域或户籍的限制等；二是粤港澳大湾区是我国专利产出的重要区域，该区域的相关部门必须加大对科技人才智力产出的保护，充分保障科技人才的合法利益；三是粤港澳大湾区在实现科技人才共享之后，由于临时聘任人员增多，因此相关部门要完善科技人才流动保障体系，以及相关的科技人才管理法律制度，避免人事纠纷加剧，保障科技人才的合法权利。

总的来说，只有立法保障科技人才权益，解决科技人才的后顾之忧，让其对粤港澳大湾区产生归属感，他们才能真正为当地的经济发展做贡献。

（二）建立人才共享平台

粤港澳大湾区对科技人才有强烈需求，但总体科技人才供给和各项保障不足。大湾区内有众多的中小微科技公司，这些公司是粤港澳大湾区科技创新的重要力量。但这些公司普遍存在规模小、资金少等问题，没有足够的物质支撑，无法吸引大量的科技人才长期从事技术创新和研发工作。可见，该地区对共享科技人才有着极大的需求。互联网技术和大数据技术等高科技力量的支持，使得科技人才共享平台的搭建成为解决科技人才共享难题的重要途径。

（三）加强科技人才联合培养

科技的发展离不开足够的科技人才储备。粤港澳大湾区不仅要引进科技人才、留住科技人才，还应当培育科技人才，始终将教育摆在优先发展的战略位置。

1.要树立起两个方面的意识

一是从基础教育阶段到高等教育阶段，都要重视学生创新思维和创新能力的培养，改变传统应试教育的方式，采取灵活多样的教育方式，鼓励学生热爱科学、勇于创新，充分激发教育事业发展的活力，培养新时代科技人才。二是对高等教育要有三个优化意识，即优化教育结构的类型，平衡文理工科人才之间的教育产出；优化科技人才培育的结构，整体提升粤港澳大湾区内科技人才的创新能力；优化高校的布局，避免因教育失衡引起人才布局失衡。

2.要从教育层面打通科技人才流动与共享的渠道

以产学研的深度合作为着力点，完善区域人才合作交流机制。鼓励支持区域内科研机构和高校共同探索联合办学，培养硕士、博士或联合组建研究团队，开展国家级大型科研项目研究；鼓励科研机构、高校搭建和企业之间沟通交流的桥梁，组建专门的企业人才培养基地，为现有企业人才的可持续发展提供教育支持，营造合作氛围，逐渐形成成熟的合作机制。打破传统的地理障碍，极大发挥海外人才优势，促进高等教育的发展。在国家已允许粤港澳大湾区的高校、科研机构申请国家科研项目的政策基础之上，简化参与联合教育与科技项目研究的科技人才的出入境手续，并充分给予科技人才在社保、住房、子女教育等方面的支持，为其日常生活提供便利。除此之外，还可以设立专项基金鼓励学生积极参加学术会议，定期举办不同高校间的学术交流论坛，在提升学生学术水平的同时推动人才交流合作。

总的来说，要实现粤港澳大湾区科技人才共享，就要加大粤港澳大湾区高校间的合作，减少因教育失衡带来的各地科技人才产出量和储备量不均的问题，缓解各地在科技人才资源上恶性竞争的局面，充分发挥科技人才共育共享的优势，与产业环境形成良性共振。

（四）制定科技人才引进策略

粤港澳大湾区城市之间科技人才发展状况极不平衡，不利于区域内的科技人才共享。因此，粤港澳大湾区必须从整体发展的层面出发，制定合理的科技人才引进策略。制定科技人才引进策略为的是满足粤港澳大湾区对尖端科技人才的需要，同时避免该区域内各城市间因争夺科技人才而形成的恶性竞争。

首先，要完善科技人才引进全过程的评价机制。在科技人才引进前，粤港澳大湾区要对整个区域的经济发展状况和科技人才状况进行详细的分析，制定合适的科技人才引进政策；在引进过程中，要避免以学历层次和毕业院校水平片面判断科技人才的质量，各地政府应联合不同人才领域的专家共同制定科学的评价标准，采用多种方式对科技人才进行全面的评价；对于引进后的科技人才要进行跟踪测评，判断其水平是否达到引进预期，这样既可避免科技人才只享受政策优惠和补助，而不对地方经济或科研事业的发展做出任何贡献的问题，也能为不断更新和完善评价机制提供数据支撑。

其次，在国内高端科技人才稀缺，竞争压力巨大的现状下，粤港澳大湾区可以借助港澳对外窗口的优势，适当将对国内人才的引进转向对海外人才的引进。同时，在粤港澳大湾区内要建立起完善的国际科技人才通行制度，保证科技人才能够在区域内各地自由通行并能享受同等的待遇；实现科技人才标准的统一，建立职业能力互认等机制，减少科技人才流动的阻碍；加强相应的配套设施建设，加快粤港澳大湾区“1 小时生活圈”的打造进程，为科技人才共享奠定充足的物质基础。

最后，妥善处理两对利益关系。一是自内引进人才和自外引进人才之间的利益关系，二是已有人才和新引进人才之间的利益关系。粤港澳大湾区政府在制定政策时要有全局观念，在引进科技人才的同时，还要营造和谐的人才成长环境与工作氛围，避免因政策不公平等引起科技人才之间的矛盾。

（五）深化产业分工合作

深化产业分工合作，不仅能优化粤港澳大湾区的产业布局，解决人才需求同构问题，也能够避免有限资源被大量浪费。

首先，粤港澳大湾区要处理好地方政府间在产业协调发展中的关系。粤港澳大湾区应打破行政边界，对该区域各城市间的产业进行统筹规划，鼓励各城市在产业同构的前提下进行差异化发展；同时要充分尊重经济发展规律，发挥好市场在资源配置中的作用，推动区内产业向全球产业链中高端迈进。

其次，整合优化区域资源优势。粤港澳大湾区内各城市有不同的资源优势，协同互补的空间巨大，具有相互合作、共同发展的物质基础。每个城市必须明确自己的优势，找准自己的功能定位，充分整合各方资源禀赋，突出自身的产业优势，引进相应的科技人才，促进产业分布和科技人才资源分布更加合理。

最后，以产业环境培育科技人才。从粤港澳大湾区现有的产业结构和未来发展趋势来看，粤港澳大湾区需要有针对性地创造有利于所需科技人才成长的产业环境。要重视科技创新产业对经济发展的重要性，加强对知识产权的保护，完善科技人才的数据共享，实现城市产业的合理布局，避免因争夺科技人才引发恶性竞争。此外，要整合不同城市之间的资源，积极吸引和对接全球创新资源，构建结构科学、集约高效的产业发展格局。

第二节　长株潭城市群科技人才共享

长株潭城市群位于中国湖南省中东部，为长江中游城市群重要组成部分，包括长沙、株洲、湘潭三市，是湖南省经济发展的核心增长极。长沙、株洲、湘潭三市沿湘江呈“品”字形分布，两两相距不足 40 千米。2007 年，长株潭城市群经国务院批准，成为全国资源节约型和环境友好型社会建设综合配套改革试验区。长株潭城市群一体化被《南方周末》评价为“中国第一个自觉进行区域经济一体化实验的案例”。在行政区划与经济区域不协调之下，通过项目推动经济一体化，长株潭为其他城市群做了榜样，致力成为中部崛起的“引擎”之一。

一、长株潭城市群科技人才共享的重要意义

实现长株潭城市群科技人才共享，对于长株潭城市群的社会经济发展具有多方面的重要意义。

（一）为长株潭城市群建设提供科技人才保障和智力支持

人才，特别是具备专业技能和创新能力的科技人才，是推动区域经济发展和科技创新的关键因素。他们能够通过研发新技术、新产品和提供新服务，提升区域的竞争力和创新能力。构筑一体化的科技人才资源共享体系，整合区域科技人才资源，可以提高长株潭城市群科技人才的整体实力，促进科技人才自主创新能力的提高，进而促进整个城市群的可持续发展。

（二）可以更好地适应区域经济一体化的内在要求

区域经济一体化发展必然会使其发展所需的各种资源产生聚集效应。作为重要生产要素的科技人才，其需求必然会伴随区域经济一体化的发展而不断增加。构建区域科技人才共享体系，形成以市场为导向的科技人才合作机制，可使长株潭城市群内各城市的科技人才流动渠道更顺畅，使长株潭城市群的科技人才资源配置和共享达到较优程度，进而有利于长株潭城市群综合竞争力的提升。

（三）有利于增强对科技人才的吸引力，提高科技人才的使用效益

当前，科技人才已经成为区域发展最重要的战略资源，开展科技人才区域合作已经成为激发区域活力、支撑区域协调发展的重要途径。实现长株潭城市群科技人才共享，有利于长株潭城市群有效应对日益激烈的国内外人才竞争，发挥城市群的整体优势，形成城市群人才的整体竞争优势，提高人才资源的使用效益，对于打破科技人才流动壁垒、消除科技人才资源分散隐患、解决科技人才结构不合理问题、构建区域经济一体化格局具有重大意义。

二、长株潭城市群科技人才共享体系构建

根据长株潭城市群的实际情况，参考长三角都市圈、武汉城市圈人才共享的成功经验，笔者将长株潭城市群科技人才共享体系分为五个部分：政策体系、市场体系、信息体系、服务体系和平台体系。政策体系解决的是科技人才共享的机制问题，市场体系解决的是科技人才共享的媒介问题，信息体

系解决的是科技人才信息共享的问题，服务体系解决的是城市群科技人才共享机制有效运行的保障问题，平台体系解决的是实现科技人才共享的具体方式问题。

（一）政策体系

人才政策是社会公共政策的重要组成部分，涉及人才的社会地位、权益保障、培养使用等各个方面。对此，长株潭城市群应充分发挥政策的引导、推动作用，加快城市群内人才政策的梳理与对接，建立统一的科技人才共享政策体系。

相关机构要在认真贯彻执行国家和湖南省现行政策的前提下，大力推进政策创新和制度创新，制定有利于科技人才共享的、较为完善的、具有区域特色的区域性科技人才政策体系。首先，应成立长株潭城市群科技人才政策联合研究小组，逐步完善区域科技人才流动政策、吸引政策、培训政策和社会保障政策，防止和杜绝不正当竞争和无序竞争。其次，应全面考虑现有科技人才政策的具体落实问题。在政策执行方面，要重视对政策可执行程度的评估，建立高效的科技人才决策机制、执行机制、信息反馈机制和督查机制，要确保科技人才政策落实到位。最后，要及时撤销不合理的政策。相关机构要对已有的科技人才政策进行分析和研究，保留有利于激发科技人才活力和科技人才共享的政策，淘汰不合时宜、负面影响较大的政策，打破束缚科技人才创造力和不利于科技人才共享的政策性壁垒。

（二）市场体系

科技人才是促进科技进步和经济社会发展的重要资源。相关机构必须打破陈旧的“单位人”理念与体制，最大限度地拓展优秀科技人才的活动空间，全面提升科技人才的价值。

一方面，应构建统一的科技人才市场，搭建区域人才交流互动平台。目前，长株潭城市群还没有形成一个足够完善、规范的科技人才市场，科技人才的流动只能依靠长株潭各地的普通人才市场。因此，应尽快构建一个统一的、规范有序的科技人才市场。

另一方面，应大力发展猎头行业，完善高级科技人才资源市场化配置机制。在发达国家，很多高级人才的流动都是由猎头公司协助完成的，中国猎头行业近年来的发展亦较快。长株潭城市群要借鉴发达地区高级人才市场化配置的经验，大力培育专业型科技人才市场，并且应鼓励本区域内猎头公司的规模化发展，在全国乃至全球范围内猎取优秀的科技人才，促进长株潭城市群经济的发展。

（三）信息体系

构建有利于科技人才交流的信息体系，对长株潭城市群科技人才共享的实现具有重要意义。从现实条件看，以互联网为媒介，建立网上信息发布、交流平台，是当前比较常见的信息交流手段。在互联网建设方面，长株潭城市群要做到以下几点：

一是要加大网络基础设施建设力度，在长株潭城市群内建立功能完善的人才信息网站，并以各市人才信息网站为终端平台，全面实现长株潭城市群内各城市科技人才信息的连接。

二是要规范网络运行机制，在网络建设、管理、维护方面，要尽可能采用同一技术结构、模块，降低网络互联的难度和成本。同时，要完善网上信息发布制度，建立网络信息发布机制。网络互联不仅可以提高信息发布、对接、共享的效率，更是一种推进科技人才交流合作的先进手段。相关机构要全方位推进长株潭城市群内的科技人才交流合作，让各类科技人才的求职、培训等都可以在网络上完成，从而降低科技人才共享的成本。

三是整合长株潭城市群信息资源，建立科学的供求信息采集制度，搭建开放共享的公共信息平台。为此，长株潭城市群要集成各类科技人才信息服务项目，突破科技人才信息在区域、行业、部门之间流动的障碍，整合各种信息资源，建立覆盖全社会的人才信息网络；要委托有关部门尽快研制一套既实用又便于实际操作的科技人才信息采集软件，运用现代化的手段对科技人才信息进行及时采集。

此外，还可以在城市群内建立统一的科技人才资源信息库，及时发布科技人才资源状况、科技人才引入政策、科技人才市场供需信息，以及各行业、各职位薪酬信息。

（四）服务体系

构建城市群内共通的科技人才公共服务体系，长株潭城市群应做到以下几点：

1.推进科技人才的交流与合作

长株潭城市群内各城市每年应共同组织若干次综合性的人才交流会，以满足支柱产业、特色经济发展对科技人才的需求；举办“小而专”“专而特”的人才招聘会，提高城市群内人才资源流动与共享效率，降低城市群内科技人才流动与共享的成本。

2.推进科技人才的培训合作

相关机构应以紧缺型人才、急用型人才培养为重点，在全面摸清长株潭城市群内各地科技人才资源分布状况的基础上，按照培训内容和科技人才需求对口的原则，充分发挥长株潭城市群内高校在科技人才培养方面的优势，建立一批具有特色的科技人才培养基地，形成高校之间相互开放、资源共享、优势互补的科技人才培养体系，实现对长株潭城市群内紧缺型科技人才有针对性的培养、输送和配置。

3.持续开展科技人才评价工作

相关部门要整合长株潭城市群内的专家、评委等各类科技人才评价资源，打破行政区域隶属关系，将科技人才按照专业、特长、工作经历等进行系统分类，共同建立城市群科技人才评价资源信息库，大力推进人事考试题库共享、职称异地评审，以及专家、评委互派等工作的开展。

（五）平台体系

科技人才的特性决定了长株潭城市群不能使用传统的方式对其进行管理。因此在科技人才共享中，长株潭城市群要不断创新共享方式、方法，为实现科技人才的有效共享提供具有实践价值的平台。当前，科技人才共享的形式可以归纳为以下几种：委托共享、借用共享、购买共享、项目式共享和候鸟式共享等。除此之外，长株潭城市群还可以搭建更加灵活的科技人才共享平台。具体如下：

一是以优势企业为依托，建立联企、联项共享平台，通过项目引进、联合开发等形式实现科技人才共享。例如，长株潭三地可以项目合作为主要载体，合力引进紧缺型高层次人才。

二是建立长株潭城市群“家乡科技人才库”，让在外地工作的优秀科技人才能够定期或不定期地回家乡指导工作。

三是打造长株潭城市群科技人才协作体、科技论坛，开展广泛的交流活动，以达到科技人才共享的目的。

四是重视“引智”，实现对科技研究成果的共同引进、共同利用，这是实现更大范围的科技人才共享的重要途径。

构建长株潭城市群科技人才共享体系和创新机制，将分布在不同单位的科技人才加以整合，形成团队合力，使长株潭城市群有限的科技人才资源实现优势互补，可达到充分发挥科技人才作用、促进长株潭城市群经济与社会加速发展的目的。同时，跨区域科技人才共享还可以更好地调动科技人才的积极性。

实现科技人才共享，不仅仅是长株潭城市群的追求，也是国内其他地区的追求。国内各地区均应打破科技人才的企业所有制和地区所有制壁垒，以更广阔的视野，在更大的范围内配置科技人才资源，以获取更高的科技人才资源利用效率，从而提高自身的发展速度和发展水平。

第三节　苏北地区校地科技人才合作模式

苏北地处中国大陆东部沿海、长江三角洲北翼，地势以平原为主，拥有广袤的苏北平原，辖江临海，扼淮控湖，处在南下北上、东出西进重要位置，是中国沿海经济带重要组成部分。

一、苏北地区校地科技人才合作的具体思路

梳理苏北地区校地科技人才合作的思路至关重要。要厘清苏北地区校地科技人才合作的思路，就需要全面地了解苏北地区现有的经济产业分布情况，这是一个根本性的逻辑前提。苏北的优势在于其所拥有的铁路、高速公路等交通设施较为完善，它可以充分利用良好的交通条件，积极地内引外联，促进科技人才的流动与共享。此外，良好的交通条件也有利于加强校企合作。

根据我国其他地区的校地科技人才共享模式，结合苏北地区自身的特色与条件，笔者认为苏北地区需要采用传统的校地科技人才共享合作模式，积

极发挥政府的作用，促进高校人才培养质量的提升。政府在加大政策支持力度、优化产业结构、招商引资、吸纳与引进人力资源，以及人力资源的调配中发挥着积极的作用。政府与高校之间存在着良好的合作关系，这种良好的合作关系有助于高校获得更多的发展机遇，以及培养社会适用型人才。此外，政府也可以从宏观方面指导和帮助企业发展，为形成区域科技人才共享机制助力。

现代社会的一个主要特征是信息高度发达，现代媒介工具被人们广泛利用。互联网、智能手机、电脑的广泛使用使得万物互联的时代到来。苏北地区在探索校地科技人才合作模式的过程中，不仅要融汇高科技，也要树立媒介化思维。媒介化思维强调一种分众化、精细化的管理策略。苏北地区存在各种行业，这就意味着地方政府在对高校人才资源的精准配置方面需要积极利用现代信息社会的资源，树立层次化的人才配置思维，并在这种思维指引下，做到精准配置人才资源。

苏北地区在探索校地科技人才合作模式的过程中，需要融入一种精准化的、信息化的现代媒介逻辑理念，整合各方媒体力量，加大政策扶持力度，利用新媒体平台促进科技人才信息流动。

二、苏北地区校地科技人才合作模式的实现

（一）多渠道开展校地科技人才共享

多渠道开展校地科技人才共享需要政府、高校和企业等多方的共同努力。通过建立合作机制、推动人才交流和互动、共建实践基地和实验室、实施人才培养计划、建立信息共享平台、完善激励机制以及加强宣传推广等措施，苏北地区可以实现校地科技人才的优化配置和高效利用，进而推动区域

经济的持续健康发展。

此外，形式多样的人才交流会、高校所创办的各种产学研论坛，也为高校和地方企业合作提供了良好的平台和渠道。因此，利用各种会议和活动来促进校地科技人才的交流，成为未来校地科技人才共享的重要途径。多渠道的校地科技人才合作模式将会进一步推动苏北地区的经济发展。

（二）拓展校地科技人才合作新模式

要充分利用苏北地区各个城市的优势，将优势进行互补，更好地拓展校地科技人才合作新模式。

例如，徐州作为苏北地区的经济中心，拥有深厚的历史文化底蕴和便捷的交通网络。苏北地区可以利用徐州的地理位置和交通优势，将其发展为苏北地区的教育和人才培训中心，从而吸引更多高校和研究机构落户，培养专业人才。连云港位于江苏省东南部，是中国东海沿海的重要港口城市，也是“一带一路”建设的重要战略节点城市。苏北地区可以依托连云港的港口优势，发展与海洋经济、国际贸易相关的人才培养项目，吸引相关领域的专家学者。盐城拥有丰富的海洋资源，是中国重要的港口城市。苏北地区可以利用盐城的海洋资源优势，推动政府相关部门与高校合作开展海洋科学、海洋工程等领域的研究。淮安位于江苏省中南部，拥有丰富的自然资源，发展环保产业潜力巨大，可以与高校及研究机构合作，推动环保技术和绿色产业的发展，同时培养相关领域的专业人才。

第四节　辽宁沿海经济带科技人才共享

辽宁沿海经济带是我国北方地区重要的经济发展带，是东北地区经济发展最活跃、最有潜力的地区，扮演着东北振兴发展“排头兵”的角色，是东北地区对外开放的门户、东北亚区域经济合作的重要“节点”。

辽宁沿海经济带是我国在辽宁沿海地区划分的经济发展区域，包括大连、丹东、锦州、营口、盘锦和葫芦岛6市，处在我国环渤海地区和东北地区的重要接合部。在辽宁沿海经济带区域经济一体化发展进程中，作为重要生产要素的各产业科技人才发挥着至关重要的作用。实现科技人才共享，有助于增强辽宁沿海经济带的区域竞争力。

一、辽宁沿海经济带科技人才的需求分析

辽宁沿海经济带作为东北地区的重要经济增长极，对科技人才的需求显得尤为关键。以下是对该区域科技人才需求的详细分析：

（一）产业升级与科技创新驱动的需求

1.高端技术人才的需求

随着辽宁沿海经济带的产业升级，特别是先进装备制造业、电子信息、新材料等高新技术产业的快速发展，该区域对高端技术人才的需求日益迫切。这些人才只有具备扎实的专业知识和丰富的实践经验，才能在推动产业技术的创新和突破方面发挥作用。

2.研发与创新人才的需求

为了提升区域创新能力和核心竞争力，辽宁沿海经济带需要大量的研发与创新人才。这些人才应具备较强的科研能力和创新能力，能够在新产品开发、技术改造等方面发挥重要作用。

（二）区域经济发展战略的需求

1.政策支持与科技人才引进

辽宁沿海经济带的开发开放政策以及国家对东北老工业基地振兴的支持政策，为区域经济发展提供了有力保障。这些政策的实施需要大量科技人才的参与，特别是那些能够理解和运用政策优势，推动区域经济发展的科技人才。

2.基础设施建设的人才需求

辽宁沿海经济带有关港口、能源等项目的建设，需要大量的工程技术人才和管理人才。这些人才将在项目规划、设计、施工，以及后期运营管理等方面发挥重要作用。

（三）科技人才结构调整与优化的需求

1.跨学科知识和能力的科技人才的需求

随着科技发展的日益复杂化，多学科交叉融合已成为创新发展的重要趋势。辽宁沿海经济带需要更多具备跨学科知识和能力的科技人才，以推动区域内的科技创新和产业升级。

2.技能型人才的需求

在制造业等传统产业中，技能型人才仍然是不可或缺的。随着人工智能、自动化等技术的应用，传统产业对技能型人才的要求也在不断提高。辽宁沿海经济带需要加强对技能型人才的培养和引进，以满足产业发展的实际需求。为了满足这些需求，政府、企业、高校等各方需要共同努力，为辽宁沿海经济带的持续发展提供有力的人才保障。同时，政府还需要不断完善人才政策和服务体系，创造更加良好的人才发展环境。

二、辽宁沿海经济带科技人才共享机制

在知识经济时代，科技人才成为各国共同争夺的稀缺资源。经济全球化和信息技术革命促使科技人才比以往更加自由地进行流动。为了取得长足发展和获得发展过程中的主动权，世界各国各地区纷纷出台相关政策和措施，吸引各类科技人才。在区域经济一体化视角下，政府及相关机构可从微观、中观、宏观三方面着手，构建辽宁沿海经济带科技人才共享的微观机制、中观机制与宏观机制。

（一）微观机制

微观机制的构建主要通过建立辽宁沿海经济带联合科技人才库来实现。由行业协会牵头，在核心业务上有一定相似性的辽宁沿海经济带企业共同参与，建立联合科技人才库，根据双方或多方合作需要，实现科技人才共同招聘、培训、开发、使用、辞退等。

（二）中观机制

中观机制的构建主要依托加快辽宁沿海经济带人才市场对接来实现。对接后的各级人才市场共同发布招聘信息、合作举办大型招聘会，实现人才派遣业务合作，依托人才一体化建设，构建辽宁沿海经济带人才资源统一配置的大市场，以市场驱动为导向，实现辽宁沿海经济带内科技人才共享，促进科技人才由区域外向区域内的有效流动，以及区域内科技人才的自由流动。

（三）宏观机制

宏观机制的实现主要依靠各级政府。各级政府作为协调者，要将辽宁沿海经济带科技人才共享规划纳入区域经济发展的整体规划；成立辽宁沿海经济带人才整体开发管理（协调）机构，从政策清障、合作搭台、环境创优、氛围营造四个方面推动和引导辽宁沿海经济带科技人才在规模、质量、结构和分布上适应区域经济一体化持续发展的要求；要加大对现行科技人才政策的梳理力度，对于影响区域内科技人才互认、科技人才流动的问题，应积极加以研究解决，以早日实现辽宁沿海经济带科技人才互认互通。

第五节　西部高新区科技人才共享

当今世界，高新技术产业已成为最活跃和最有影响力的经济增长点，而高新区是高新技术产业发展最重要的载体，很多国家都把发展高新区作为促进本国高新技术产业发展及提高国际竞争力的重要手段。

我国西部高新区由于经济结构较为松散，软硬设施与服务条件与东部高新区仍然存在一定差距。因此，西部高新区应该加快构建新发展格局，以实现跨越式发展。

一、西部高新区科技人才利用现状

高新区是西部地区发展高新技术产业的重要基地。西部高新区凭借当地较好的投资环境、较为完善的硬件设施和比较雄厚的科研力量，已成为西部地区经济发展最为活跃的区域，高新技术产业得到稳健发展。而丰富的科技人才资源是西部高新区经济迅速发展的强大动力。

推动高新区发展的最重要因素是科技和智力资源。随着西部高新区建设的深入，该区域对科技人才的需要会不断增加。尽管科技人才资源总量逐年稳步上升，但目前来看，科技人才资源仍无法充分满足西部高新区高速发展的需求。

首先，西部高新区普遍面临着科技人才不足的状况，同时科技人才的结构也不尽合理。科技人才的数量和质量都直接影响到高新区发展的成败。我国的东南沿海地区凭借着优越的地理位置和优惠政策，不仅吸引了众多国内外知名高新技术企业及研发总部落户，也吸引了内地大量的中青年知识分子和科技人才。沿海的开放城市、经济特区和高新区聚集了大量人才资源，加剧了内地尤其是西部地区科技人才不足的现象。

其次，西部地区的科技人才资源存在分布不均衡问题。西部地区的陕、川、渝等省份拥有着较为突出的科教资源优势，但科教资源主要集中在中心城市，并未均衡分布于全省，导致省内其他城市的科教资源匮乏，这极大地限制了西部高新区整体发展水平的提高。

最后，由于西部地区企业人才激励机制不完善，各类科技人才主要集中在科研、教育、卫生等机关事业单位，企业的高层次科技人才比重偏低。部分企业对研发投入不积极，研究机构数量、从事研究开发的人才较少，导致西部高新区存在科技人才流失现象。同时，西部地区用人机制不灵活，人事制度改革滞后；经济条件差，科技人才待遇低；科技人才使用效率不高，科技人才挤压与浪费的现象同时存在；科技人才发展环境差、科技人才服务意识不强等问题也都存在。这些都是导致西部高新区科技人才流失的重要原因。

由此可见，制约西部高新区发展的最根本因素就是科技人才。科技人才的缺乏导致了西部高新区的发展落后，科技人才外流阻碍了西部高新区的技术进步和创新。针对当前西部高新区面临的科技人才不足、分布不均、严重流失等问题，相关机构需要建立比较完善的科技人才共享体系，从而为西部高新区建设提供充足的人才资源。

二、西部高新区科技人才共享存在的问题

科技创新的关键在于人才，杰出的科技人才是科技事业发展的决定性因素。科技人才的匮乏和分布不均阻碍了西部高新区的快速发展，要打破这种格局就必须科学管理科技人才，积极推动科技人才的共享，提高科技人才的使用效率，促使西部高新区科技人才的价值得到充分发挥。

目前，西部高新区已经意识到科技人才的重要性，推出了各种人才引进政策。各企业也在积极地推动科技人才共享工作，以克服科技人才不足的困难，缓解日益增长的科技人才需求和科技人才供给不足的矛盾。科技人才共享以实现科技人才的优化配置和价值创造为目标，以科技人才资源为基础，通过政策调控，建立健全有效的法规体系、管理体制和运行机制，来实现科技人才资源的共用。西部高新区通过委托共享、借用共享、购买共享、项目式共享、候鸟式共享、产学研联盟等方式，有效聚才引智，构建了特色的西部高新区科技人才体系，加快了技术创新和高新技术产业发展的步伐。

然而，西部高新区科技人才共享还存在一些障碍。目前，西部高新区科技人才的共享层次还不高，基本停留在互相学习、相互交流的层面上，尤其是部分落后省市的高新区缺少科技人才的组织间的流动和合作，致使这些高新区最终无法发挥科技人才资源优势。相关部门只有深入分析影响西部高新区科技人才共享的障碍，才能有针对性地采取措施提高西部高新区的科技人才共享效率。当前，西部高新区科技人才共享存在的问题主要有以下几个：

（一）科技人才共享意识不足

西部高新区内的部分企业担心自身在科技人才共享模式中不能获得更多的益处，有可能为竞争对手培养人才，同时科技人才也较为担心自己不能在多企业的共享中获得更多的回报，这种共享会影响自己的职业生涯发展。这些担心体现出西部高新区科技人才共享意识还不足。

西部高新区的科技人才共享在很大程度上还基本停留在互相学习、相互交流的层面，对企业的自主创新、开发新产品、发展新技术等核心竞争力的提升难以发挥较大作用。对此，西部高新区的科技人才共享需要上升到企业战略的高度。另外，企业间的科技人才共享活动容易流于形式，科技人才共享工作并未落到实处。

（二）科技人才共享过程中的利益分配不合理

西部高新区内的部分企业往往由于费用分担和利益分配的不平衡问题而导致共享科技人才的意愿较低。科技人才与普通的易耗性资源一样不具备可复制性。当某个企业的技术人员向其他机构提供服务时，必然会影响其对本企业做出的贡献，而这种贡献损失的不确定性，使得人力资源共享费用计算复杂，相关的补偿机制也不能良好地运行，从而影响企业进行科技人才共享的积极性。西部高新区很多企业对科技人才共享过程中的费用分担和利益分配问题处理不当，缺少合理性、公平性和客观性，在与高校、科研机构开展合作的过程中，不能正确对待科研人员和科研成果，这是制约西部高新区推进科技人才共享的主要因素之一。

（三）制度性障碍阻碍科技人才共享的推进

西部高新区的科技人才共享还存在一定程度的制度性障碍，在人才“柔性流动”方面还存在体制性壁垒。有些西部省市的政府对社会性、公益性科研项目投入资金的较少，没有形成完善的知识交换标准体系和科技人才服务体系。

同时，西部高新区的科技人才中介服务体系较不完善，中介服务机构在数量和功能上都远远不能适应科技人才共享的要求。科技人才共享管理形式在很大程度上决定了科技人才共享的发展状况，现实中烦琐的管理环节和严格的等级分工制度，都导致科技人才共享合作效率不高，进而阻碍科技人才共享的顺利推进。

（四）产学研结合不够紧密，合作成效不大

虽然西部地区的很多高新区建立了产学研合作基地，为科技人才自主创新提供了有效支撑，但部分地区的产学研合作成效不大。在产学研合作中，很多企业无法单独完成的项目需要以乙方专家为主导，缺乏研究的持续性。这样的情况使得各主体目标需求难统一，企业的工作难点不能够很快成为科研单位的研发重点，科研单位的已有成果也不能迅速应用于生产实践，因此产学研合作的成效很难保证。

（五）缺乏促进科技人才共享的运行机制和信息渠道

西部高新区的企业之间、部门之间缺乏有效的信息沟通和协调机制，加之缺乏利益驱动机制，科研单位普遍缺乏科技人才共享的积极性，同时，较为完善的科技人才共享机制还未建立。在信息化建设方面，西部地区的部分高新区已经初步建立了人力资源公共服务平台，但整体上来看，西部高新区人力资源公共服务平台信息化建设水平不高。这些服务平台上的内容基本上都是分散的，甚至同一地区不同部门的人才信息都没有实现共享。与市场具有地域性特点一样，科技人才同样具有地域性特点。结合这一特点，西部高新区应克服困难，突破科技人才合作的壁垒，将科技人才区域合作常态化。

三、推动西部高新区科技人才共享的对策

当前，西部高新区要积极推动科技人才共享，真正发展成为科技人才荟萃和科技人才向往的地方，实现区域经济的跨越式发展。

（一）提升共享层次，建设相互信任、密切合作的共享文化

西部高新区的企业和科技人才都要提高共享意识，树立“共享共赢”观念。企业应该加大对科技人才共享的重视，将它提升到组织战略的高度，与组织战略目标紧密结合，充分支持科技人才共享工作，真正把科技人才共享工作落到实处，避免流于形式，开展多形式的科技人才交流活动，推动科技人才资源的优化配置。同时，西部高新区要建设相互信任、密切合作的共享文化，进一步营造尊重知识、尊重人才、鼓励创新、支持创业的氛围，创造有利于优秀科技人才脱颖而出和人尽其才的社会环境。

（二）完善科技人才共享激励政策，解决利益分配不均问题

当前，西部高新区围绕实施科技人才共享，应健全和完善人才激励政策，探索建立与国际接轨的人才收入分配政策，鼓励和推动技术、知识等要素参与分配；建立以科技人才共享为目标的新型人才管理模式，努力实现科技人才的社会共有和共同使用。应按照有偿服务、各方自愿、共同受益、报酬与效益挂钩、市场调剂等原则，积极引导和鼓励科技人才合理有序流动，鼓励科技人才从相对过剩的地区、单位向人才短缺的地区、单位流动，以实现科技人才资源的合理配置。

（三）健全科技人才共享保障体系

西部高新区实施科技人才共享，是新形势下人才管理体制的一种创新。

要推动科技人才共享的健康发展，健全科技人才共享保障体系尤为重要。西部高新区要认真研究科技人才共享的实际情况和遇到的问题，制定和完善促进技术创新和科技人才共享的政策、法规和措施，完善有利于科技人才共享的知识产权制度，营造良好的科技人才共享合作氛围。同时，还应主动规范、引导、激励研发组织通过科技人才共享合作开展技术创新。大力推进政策创新和制度创新，形成较为完善的有利于科技人才共享的人事政策体系。建立健全统一、高效的科技人才管理体制和工作机制，切实加强对区域科技人才合作的组织领导，积极探索建立互利互惠、合作共赢、共同发展的区域科技人才合作机制。

同时，西部各省、市政府要不断完善市场服务功能，积极推进人才服务机构体制改革，实现政事分开、政企分开、管办分离，构建科技人才公共服务平台。中介服务机构作为经济活动的重要主体，要在推进科技人才共享中发挥重要的“黏合剂”作用。

（四）加强产学研合作，提高产学研合作成效

西部高新区可以通过组建技术创新战略联盟的方式进行产学研合作，以提高科技人才资源利用率及企业竞争力。西部高新区在进行产学研合作的过程中，要突出体现西部高新区特色技术产业发展的战略需要；要坚持以企业为主体，产学研紧密结合；要注重实现利益共享、风险共担机制；要保持战略联盟发展的开放性，处理好合作成果内流与外溢的关系。

同时，西部高新区应该结合企业的需求及技术力量的分布情况，对企业和科研机构进行调研，找到合作双方的利益契合点，从而使企业和科研机构形成长期稳定的合作关系。

（五）建立和完善科技人才共享信息平台

从社会大趋势来看，加强西部高新区的科技人才合作，实现科技人才资源共享，最大限度地发挥科技人才的潜能是大势所趋。西部高新区要建立自己的人才信息库，在此基础上建立科技人才共享信息平台，将各领域各地区的科技人才资源同高新区的实际需要结合起来，为西部高新区经济社会发展服务。

通过建立科技人才共享信息平台，西部高新区可以更好地掌握科技人才的专业技能、研究方向和成果等信息，从而实现科技人才资源的优化配置，提高人才使用效率。

此外，科技人才共享信息平台可以作为一个桥梁，连接不同领域、不同企业的科技人才，促进他们之间的交流与合作，形成人才集聚效应，从而提升整个区域的创新能力。区域创新能力的提升有助于推动西部高新区在高新技术产业、战略性新兴产业等领域取得更多突破。

总之，一个完善且活跃的科技人才共享信息平台可以成为西部高新区的一张名片，吸引更多优秀的科技人才前来加盟。这不仅可以为区域发展注入新的活力，还可以提升西部高新区的整体竞争力。

第七章　实践案例：郑洛新国家自主创新示范区校地人才共享模式构建

郑洛新国家自主创新示范区是河南省人才集聚、创新驱动发展的核心载体。自获批以来，在河南省委、省政府以及郑州、洛阳、新乡市委、市政府的强力推进下，郑洛新国家自主创新示范区实现了创新发展，取得了巨大成就。

第一节　郑洛新国家自主创新示范区人才共享现状分析

郑洛新国家自主创新示范区是河南省委、省政府以及郑州、洛阳、新乡市委、市政府为了提高区域的自主创新能力，带动地区的经济发展而设立的。

郑洛新国家自主创新示范区是经国务院批准的国家级自主创新示范区，是河南省技术创新、管理创新的重要基地，主要包括郑州、洛阳、新乡三个片区。该示范区的建设能够有效促进河南省甚至更大范围的战略性新兴产业发展和主导产业迭代升级。

一、优势

（一）区位优势

郑洛新国家自主创新示范区位于全国公路网、铁路网和空运网的核心区域，交通便利。尤其是郑州地区，交通网四通八达，可谓连接东西、贯通南北。另外，郑州航空港经济综合实验区是我国首个上升为国家战略层面的航空港经济发展先行区，在人才引进、项目落地、创新资源分配等方面有着天然优势。郑州、洛阳、新乡三市持续改善城市环境，尤其是城市的教育科研氛围，为人才的引进、科研项目的开展、保障人才生活、促进科研成果转化提供了良好的外部环境和制度环境。

区位优势给郑洛新国家自主创新示范区带来的不仅是便利的交通、优良的自然条件、大量的政策支持等，还有大量的创新资源和人才资源。这些是该示范区建设和发展的基础环境因素和重要优势。

（二）政策优势

《关于促进郑洛新国家自主创新示范区高质量发展的若干政策措施》提出：建立以贡献为导向的人才评价与团队激励机制；赋予郑洛新国家自主创新示范区在人才管理、引进培养、评价激励、流动配置等方面自主权；支持郑洛新国家自主创新示范区建立人才市场化评价机制，把工作履历、薪酬待遇、获得投资额度、创办企业估值等纳入人才团队认定评价体系；省级层面每年遴选 10 个在基础研究上有重大发现、技术创新上有重大发明、产业创新上有重大突破的高层次创新团队，支持各地按照团队贡献和绩效给予奖励；对承担国家科技重大专项、重点研发计划、自然科学基金重大项目的单位，省财政按项目上年度实际国家拨付经费的 5%奖励研发团队，每个项目年度奖励额最高 60 万元，每个单位年度奖励额最高 500 万元。

（三）环境优势

郑洛新国家自主创新示范区依托千亿级产业集群和国家级工业示范基地，使得创新资源大半集聚于此，形成大量创新成果。该示范区在重大创新载体建设方面成绩斐然：郑州市入选国家第二批促进科技和金融结合试点城市，洛阳市在小微企业创业创新基地建设方面成绩突出，新乡市申请成为国家专利质押融资、专利保险试点城市。三地创新型企业迅猛发展，创新型龙头企业、科技小巨人（培育）企业、科技型中小企业迅速增加。这些创新成果的取得离不开创新创业人才和高端技术人才的集聚，是该示范区推动人才跨境流动，不断创新人才引进模式，形成人才集聚效应的结果。

二、劣势

（一）三大片区发展不平衡

自郑洛新国家自主创新示范区设立以来，郑州片区人才引进成果相对显著，自主创新能力显著提升，尤其是部分关键指标已在全国领先。从总体发展概况看，郑州片区的高新技术企业数量、科技型中小企业数量、省级以上研发平台、省级以上创新创业孵化器数量、专利授权量等指标均大幅领先于洛阳和新乡片区。

（二）对高端人才的管理经验不足

第一，郑洛新国家自主创新示范区对人才培养的重视度不足，而且人才引进政策缺乏创新性。

第二，郑洛新国家自主创新示范区的人才共享易受政府活动的影响，人才流动机制不够完善。人才的流动是要符合人才市场规律的，政府过多的行政干预可能会导致人才无序流动和人才资源的错位配置，影响人才共享。政府应该重视人才市场的发展规律，出台相关法律法规，规范人才市场的管理，防止人才流动过程中的不规范行为和无序现象，从而推进该示范区人才共享。

第三，郑洛新国家自主创新示范区内的高校教育水平有待提高。首先，高校教育资源的配置需要进一步优化。尽管郑洛新地区的高校数量不少，但这些高校的教育资源（师资力量、科研设施等）分布并不均衡。一些高校在某些领域拥有较强的实力，而在其他领域的实力则相对薄弱。因此，该示范区需要通过政策引导和资源整合，加强高校间的合作与交流，实现教育资源的共享和优化配置。其次，高校对学生创新能力的培养有待加强。在当今快速发展的科技环境中，培养学生的创新能力和实践能力至关重要。高校应更加注重产学研结合，为学生提供更多的实践机会和创新创业平台。同时，该示范区应加强高校师资队伍建设，引进和培养一批具有创新意识和实践经验的优秀教师，提高整体教学质量。最后，高校与企业的合作也需要进一步深化。郑洛新国家自主创新示范区聚集了大量的高新技术企业和研发机构，这为高校与企业之间的合作提供了得天独厚的条件。高校应积极寻求与高新技术企业的合作，共同开展人才培养和科研成果转化等活动，推动科技创新和产业升级。

（三）没有形成成熟的人才集聚模式

1.缺乏引进高层次人才的自信

郑洛新国家自主创新示范区在高层次人才引进的过程中，过于强调对人才薪资待遇、住宿等条件的支持力度，而对人才发展前景等问题重视不够。诚然，薪资待遇等优势是吸引高层次人才的利器，但不是人才唯一的、最重要的选择。郑洛新国家自主创新示范区必须明确自身的发展定位，坚持以发展前景引才为核心，以政策吸引为辅助，不盲目自大，更不妄自菲薄，让自身巨大的发展空间以及不断完善的软性条件和硬性条件，对高层次人才产生足够的吸引力。

2.引进人才的同质性较强

郑洛新国家自主创新示范区在人才引进的过程中，过于追求人才引进的数量，导致引进人才的同质性较强。虽然郑州、洛阳、新乡的人才政策都对人才引进有了较高的要求，但是仍然不乏个别人才中介机构盲目荐才。因此，郑洛新国家自主创新示范区在进行人才引进时，必须充分考虑示范区的特殊性和长期发展战略，构建适合示范区发展的人才引进模式。

同时，政府应该明确自身在人才引进和培养中的作用，规避过分的行政干预，充分发挥引导作用。

三、机遇

（一）科技快速发展促进了国际人才流动

全球化的推进和科技的快速发展打破了传统的地理限制，人们更容易在全球范围内寻找工作机会。企业和组织也更加注重在全球范围内进行人才招聘，从而推动了国际人才的流动。此外，互联网和数字技术的快速发展使得远程办公成为可能，这意味着人才不再受限于特定的地理位置。人们可以通过网络平台进行项目管理和技术交流，这也加速了国际人才的流动，为郑洛新国家自主创新示范区人才共享提供了机遇。为了吸引高科技人才，郑洛新国家自主创新示范区可推出相应的技术移民政策，为具备特定技能和专业知识的人才提供优惠条件，如更快的签证处理速度、更多的工作机会等，从而鼓励他们在该示范区定居和工作。

（二）国家自主创新示范区的建设提升了人才吸引力

国家自主创新示范区往往集聚了大量的创新资源，包括科研机构、高新技术企业、创新创业平台等，能够为人才提供较多的创新机会和较大的发展空间，吸引了大量有志于科技创新的人才。为了促进郑洛新国家自主创新示范区的建设和发展，当地政府也出台了一系列优惠政策和措施，如税收优惠、资金扶持、项目支持等。这些政策不仅降低了企业的创新成本，也为人才提供了更多的发展机会和物质激励，进一步增强了对人才的吸引力。郑洛新国家自主创新示范区需要充分利用国家的优惠政策，创造性地引进人才，不断创新人才集聚模式，做到人才“引得进、留得住、用得顺、留得久”。在这一过程中，郑洛新国家自主创新示范区必须把提升自主创新能力作为核心，不断完善相关政策，深化制度改革和体制机制创新，不断培育创新创业载体，打造产业集群，以大力发展战略性新兴产业和先导产业为契机，加强高端人才引进和培育，加速人才共享。

（三）“三区一群”联动促进人才合作

“三区一群”是指郑州航空港经济综合实验区、中国（河南）自由贸易试验区、郑洛新国家自主创新示范区和中原城市群。“三区一群”联动是事关河南全局和长远发展的重要战略。其中，郑州航空港经济综合实验区是内陆地区对外开放重要门户；中国（河南）自由贸易试验区是全面深化改革开放的试验田；郑洛新国家自主创新示范区是实施创新驱动发展战略的核心载体。它们是支撑河南未来发展的三大支柱。中原城市群是河南推进新型城镇化的重要抓手，涉及 18 个省辖市，抓好中原城市群建设对于河南省发展具有全局性战略意义。把“三区一群”联动作为统筹推进的重点，有利于集中力量，以重大突破带动全局发展。

四、挑战

（一）国际市场激烈的人才竞争

随着全球化的推进，人才竞争已扩展到国际市场。各国都在积极吸引全球优秀人才，以推动本国经济、科技和文化的发展。人才可以更容易地在各国之间迁移，寻求更好的职业发展机会和生活环境。这种跨国迁移不仅丰富了各国的人力资源库，也加剧了国际的人才竞争。在这种情况下，郑洛新国家自主创新示范区必须积极参与国际人才竞争，加强国际人才的引进。

（二）国内自主创新示范区的竞争

从目前的发展情况来看，国内自主创新示范区在推动科技创新、产业升级和人才培养等方面取得了显著成效。然而，随着竞争的不断加剧，各个示范区也在不断加强自身建设，提升创新能力和服务水平，以在激烈的竞争中脱颖而出。

郑洛新国家自主创新示范区虽然汇集了河南省的众多创新资源，但创新平台不多、创新环境不优、创新能力不强的问题较为突出，在中西部地区面临武汉东湖、长株潭、合芜蚌等国家自主创新示范区的强劲挑战。不管是研发人员的数量、研发人员的质量，还是研发经费的投入，郑洛新国家自主创新示范区与其他示范区还存在一定的差距。

（三）河南省内的挑战

虽然当前郑洛新国家自主创新示范区在人才集聚方面领先于省内其他地区，但是随着省内其他地区的人才政策相继出台，示范区的人才政策红利会逐渐消失。如何在人才政策红利消失的情况下，依然保持自己的领先地位，是郑洛新国家自主创新示范区面临的重要挑战。随着河南省内其他地区陆续出台人才政策，各地级市人才引进意识逐步加强，千方百计为人才落地创造条件。例如，平顶山利用自身在新材料、装备制造等产业发展方面的优势，增强自身对人才的吸引力，不断加大人才引进力度，这必将对郑洛新国家自主创新示范区的人才引进造成一定威胁。

第二节　构建郑洛新国家自主创新示范区人才共享模式的对策

随着知识经济时代的到来，人才作为知识经济时代的主宰者，在某种程度上引领着知识经济时代的发展方向，决定着地区的创新水平，是一个国家最重要的、最宝贵的战略资源。

在世界贸易中，人才贸易逐渐形成和发展起来。人才贸易并不是人的贸易，而是其所代表的创新资源和创新能力的贸易。在 21 世纪，能否不断引进创新创业人才和高端技术人才，拥有和保持一支数量充足、质量优良、结构合理的人才队伍，关系到一个国家或者一个地区在市场竞争中的兴衰成败。

在经济学领域，科技创新可以在经济发展中实现倍数效应，而人才决定创新，是科技创新的核心支撑，因此人才的数量和质量关系到国家和地区的经济发展水平。在现代国际竞争中，经济发展的竞争就是创新资源和创新能力的竞争，创新资源和创新能力的竞争就是高端技术人才和创新创业人才的竞争。

郑洛新国家自主创新示范区要想在创新中不断取得突破，在竞争中立于不败之地，必须创新人才引进、管理模式，坚持“引得进、留得住、用得顺、留得久”的思路，促进人才共享模式的构建和发展。

一、打造人才共享平台，促进人才市场的产业化

（一）倾力打造人才共享平台，促进人才中介行业发展

人才共享平台是企业、人才、项目的集聚平台，是人才和企业之间进行沟通的桥梁。因此，要想促进人才中介行业的发展，必须倾力打造人才共享平台。人才共享平台主要为人才资源和企业资源的集中，以及人才和企业之间的结合提供咨询服务。人才共享平台要有海量的人才资源，以及一套完备的人才评估系统，以快速地为企业匹配人才，为人才匹配企业。人才共享平台的搭建是一个长期的过程，必须有专业的数据统计管理和分析部门作为支撑。同时，郑洛新国家自主创新示范区还需要培育一批专业化的人才队伍，这支人才队伍既需要掌握专门的数据分析方法，还要具有较强的理解能力、分析撰写能力和信息挖掘能力。

郑洛新国家自主创新示范区必须充分发挥郑州航空工业管理学院、洛阳理工学院、河南科技学院等高校人才的作用，将相关人才信息汇集到人才共享平台。企业在引进人才之前，可利用人才共享平台评估人才项目与示范区经济发展的匹配程度；在引进人才的过程中，可利用人才共享平台评估人才项目的可操作性；在人才引进结束之后，可利用人才共享平台对人才发展信息进行动态管理。只有善于利用人才共享平台，郑洛新国家自主创新示范区的人才共享工作才会事半功倍。

（二）促进人才市场的产业化

要想促进人才引进、服务、工作的产业化，必须充分尊重人才流动规律、经济发展规律和市场规律，发挥市场的作用，逐步打破地区的人才流动壁垒。然而，要想使市场在人才引进、服务、工作产业化中发挥作用，必须做到以下几点：

第一，促进信息共享机制的建设。通过线上与线下相结合的方式，打破传统的人才引进、服务、工作机制，发展人才中介行业和搭建企业、人才、项目信息共享库。信息共享机制的建立可以提高人才共享效率，避免信息不对称的现象出现。

第二，加强人才共享的法治建设。只有不断完善人才共享的法律法规体系，才能有效促进人才引进、服务、工作的产业化建设。

第三，加强人才异地服务体系建设。郑洛新国家自主创新示范区对人才尤其是高端人才的吸引力有限，因此必须坚持“不求为我所有，但求为我所用”的原则，做好人才的引进和服务工作。

第四，鼓励民营资本的参与，构建一个由技术人才、管理人才、创新创业人才组成的多元化人才体系。

二、注重高端人才集聚，优化人才结构

郑洛新国家自主创新示范区在高端人才集聚和优化人才结构方面采取了多项措施，这些措施旨在打造一个人才荟萃、智力密集、科技创新活跃的区域。

（一）高端人才集聚措施

实施各类人才计划：如郑州市的“智汇郑州·1125 聚才计划”、洛阳市的

“河洛英才计划”等。这些计划旨在吸引和集聚创新创业领军人才和团队。

引进顶尖人才：通过引进世界级的专家、学者和科研人员，为示范区的发展提供强大的智力支持。例如，洛阳普莱柯生物工程股份有限公司引进的世界动物卫生组织猪繁殖与呼吸综合征参考实验室首席专家田克恭博士，成功研制出了猪蓝耳病灭活疫苗，为企业带来了显著的经济效益。

组建技术团队和工作室：如中信重工组建的技术创客团队、大工匠工作室和首席员工创新工作站等。这些团队和工作室的成立，不仅提高了企业的创新能力，也为企业培养了大量的人才。

（二）优化人才结构措施

多元化人才培养：政府、企业、高校与科研单位协同推进人才集聚模式，共同培养多元化人才，以满足不同领域的人才需求。

网络信息化人才流动：加快人才横向流动速度，确保智力要素在信息技术的辅助下有效流通，提高人才使用效率。

层次化人才培养：根据示范区产业类型多样的特点，坚持人才层次化培养原则，推动各层次人才向高精尖方向发展，提高示范区人才质量。

三、引导技术人才向企业家转变

郑洛新国家自主创新示范区是人才相对集中的区域，尤其是技术人才相对集中。该示范区应该充分利用这一优势，鼓励技术人才向企业家转变。一个集技术和管理能力于一身的人才，可以形成名人效应，从而为示范区吸引更多高端技术人才。成功转化为企业家的技术人才数量越多，名人效应就越明显，越有利于人才共享工作的开展。

要想引导技术人才向企业家转变，必须做到以下两点：

首先，不断加大对创业项目的投资力度，完善创业资金保障体系，适当扩大企业贷款可担保物的范围，使技术人才创业有充足的资金支持。

其次，加快创新创业载体的建设，鼓励支持技术人才项目入驻，尤其是鼓励青年技术人才回乡创业，并给予政策、资金等方面的支持。随着郑洛新国家自主创新示范区内越来越多技术人才投身创业大潮，转化为企业家，一大批的民营科技园区、科技企业孵化器和创新创业基地等创新创业载体应运而生。随着高端技术人才的集聚，一大批具有技术和管理能力的企业家也在不断集聚。

四、保持并稳步提升科技人才存量

随着郑洛新国家自主创新示范区建设的不断推进，科技人才共享模式也在日趋完善。但当前郑洛新国家自主创新示范区仍然存在科技人才存量不足的问题，因此推动科技人才共享工作不能放松。要想保持并稳步提升科技人才存量，必须做到以下几点：

首先，营造良好的人才竞争氛围，让人才产生强烈的危机感，促使其不断进步；其次，建立并完善对人才的引进、评价、管理机制，根据人才的研发成果给予其一定的资金补助，提高对人才的约束力；最后，改善人才资金补助的“大锅饭”现象，对于研究成果多、贡献更大的人才，给予更多的资金补助。总之，郑洛新国家自主创新示范区要提高人才共享模式构建工作的成效。

五、地方高校应深化人才培养模式改革

郑洛新国家自主创新示范区建设不仅需要国内外高端领军人才，更需要

大批创新型人才、应用型人才、复合型管理人才。地方高校是人才培养的重要主体，又是创新创业人才和领军人才的重要集聚平台，对郑洛新国家自主创新示范区人才共享模式的完善有着重要作用。

地方高校要对郑洛新国家自主创新示范区建设需要的人才资源进行前瞻性、战略性的设计和研究，深化人才培养模式改革，以提高人才供给的有效性、针对性。具体应做到以下几点：

一是以郑洛新国家自主创新示范区内的主导产业、重点产业发展方向为指导，合理优化专业设置及课程体系设置，加大对郑洛新国家自主创新示范区产业发展急需的专业人才培养力度，不断提升应用型人才培养与郑洛新国家自主创新示范区发展需求的契合度。

二是利用自身现有的重点学科、重点实验室、研发中心等，主动吸引世界一流的、具有全球视野和国际经验的领军人才，以及拥有关键核心技术、能够带动产业转型的领军人才和团队到校工作，加强郑洛新国家自主创新示范区人才高地的建设。

三是创造宽松的制度环境，强化与政府部门和优势企业的合作，共同培养人才。

四是与政府相关部门合作，共同完善人才流动机制，促进郑洛新国家自主创新示范区内人才的有序自由流动，以及示范区内外企业之间的人才有序自由流动。

六、充分利用人才管理改革试验区建设的契机

要构建人才共享模式，郑洛新国家自主创新示范区就必须加快推进人才管理改革试验区建设，突破外籍人才永久居留和创新人才聘用、流动、评价、激励等体制和政策的限制。郑洛新国家自主创新示范区应依托中国郑州

航空港引智试验区，结合国家和省重大科技创新工程、国际科技合作项目，引进产业领军人才和团队，将自身打造成创新人才高地。

七、明确人才共享模式的发展方向

面对激烈的国际竞争，郑洛新国家自主创新示范区应提升人才共享的成效，提高科技人才的自主创新能力，做好科技人才的再创新、再创业工作；不断引进高端技术人才，积极推动示范区人才共享模式建设，从而推动区域经济的跨越式发展。

（一）营造相互信任的社会氛围

企业和人才之间的相互信任是人才共享模式构建的基础。郑洛新国家自主创新示范区要想构建人才共享模式，必须营造企业和人才相互信任的社会氛围。示范区内的企业应将人才共享提升至企业长期发展的战略高度，积极参与示范区人才共享模式的构建工作，使人才真正参与到企业研发新产品、新工艺等的过程中。人才应牢固树立共享意识和服务意识，积极主动地参与到企业自主创新过程中。社会组织和政府应当积极营造有利于人才共享的文化氛围，鼓励更多的科技人才以共享的方式发挥更大作用，促进区域经济发展。

（二）完善人才激励体系

郑洛新国家自主创新示范区要想构建人才共享模式，必须不断完善人才激励体系。政府不仅要保障企业的利益，还要保障人才的利益，防止出现企业和人才的利益分配不均的问题。企业应建立人才以技术参与项目分红制度，提高人才参与技术项目的积极性、主动性；同时还应积极探索新兴人才管理模式，坚持与人才“共同研究、共同开发、共享成果”，使得人才激励措施透明化。

（三）不断完善人才共享模式的保障体系

郑洛新国家自主创新示范区要想构建人才共享模式，必须厘清政府、行业、企业、人才四者之间的关系，积极探索完善人才共享模式的保障体系。政府应该发挥引导作用，在分析其他示范区的人才共享政策的基础上，制定适合本区域发展的、合理的人才共享政策；完善基础设施，加强医疗、教育保障体系建设，满足人才的现实需求。行业应当遵循人才流动规律和市场规律，积极探索新的人才共享实现方式。企业必须明确自身技术需求，推进“以项目引人才”，加强同高校和科研机构的合作；通过优质薪酬结构和股票期权激励计划，争取和共享人才的长远合作。人才自身应该提升自己的专业技术能力和道德水平，积极主动参与市场竞争，通过人才共享模式检验并不断提高自己的专业技术能力。

（四）以提高产学研合作成效为目的

郑洛新国家自主创新示范区要想构建人才共享模式，必须以提高产学研合作成效为目的，不断探索产学研合作体系，加强产学研合作的紧密性。郑洛新国家自主创新示范区在密切产学研合作的过程中，应当鼓励企业和人才、团队组建技术创新战略联盟，使其形成长期的合作关系。这样不仅可以密切产学研合作，还可以加强人才同市场的联系，促进人才科研成果的转化。同时，要注重人才、企业之间的风险共担、利益共享机制的建设。

（五）建立并完善人才、项目信息共享机制

郑洛新国家自主创新示范区要想构建人才共享模式，必须建立并完善人才、项目信息共享机制。

人才、项目信息共享机制的建设可以从“两库一网”入手：“两库”即建设高层次人才库和高新项目库；一网即建立创新人才共享服务信息网。郑洛新国家自主创新示范区应发挥互联网优势，建立“互联网＋人才”综合服务体系，整合企业、科研机构的人才需求，准确把握行业人才队伍发展状况和趋势，科学制定行业人才引进、培育计划和策略。促进人才、技术等资源的多方共享，实现专业技术人才、管理人才与企业的无缝对接。

郑洛新国家自主创新示范区可以利用创新人才共享服务平台，向国内外宣传本区域的人才政策；评估人才需求状况，为各单位选人用人及各类人才的有序流动提供有效的信息平台和配套服务；开辟政策推介、品牌宣传、人才服务、政企互动、建言献策等网上渠道，提高项目的开放度、知名度，创新人才共享模式，拓宽宣传、吸引和服务人才的渠道。

参 考 文 献

[1] 白海琦，邢明强，王丽锟. 京津冀科技人才共享机制研究[M]. 北京：中国轻工业出版社，2017.

[2] 单士甫，潘静茹. 我国科技人才集聚对区域创新产出的影响研究[M]. 北京：经济管理出版社，2022.

[3] 龚赤坤. 聚力创新激发活力点燃高水平科技自立自强新引擎[J]. 军工文化，2023（11）：74-77.

[4] 郭庆松. 长三角人才共享研究[M]. 北京：中国人口出版社，2006.

[5] 郭永辉. 嵌入理论视角下军民科技人才共享模式、困境及治理[J]. 科技进步与对策，2022，39（19）：124-131.

[6] 何桃. “成德同城”和“互联网＋”背景下德阳人才聚集策略浅析[J]. 互联网周刊，2022（1）：44-46.

[7] 侯灵芝. 高质量发展视域下科技人才的引进与培养[J]. 枣庄市山亭区人力资源和社会保障局，2023（21）：26-29.

[8] 黄石锋. 人才共享模式下人力资源管理发展战略研究[J]. 哈尔滨学院学报，2022，43（6）：55-58.

[9] 剧静宜，赵政. 乡村振兴背景下校地高层次科技人才共享策略研究[J]. 河南科技，2022，41（5）：132-135.

[10] 李大赛，高亚飞，吴继琛. 科技中小企业创新能力提升研究：基于河南省人才共享视角[J]. 中小企业管理与科技，2021（13）：114-115.

[11] 李大赛，郭彩云，高亚飞. 科技人才共享模式下推动民营企业高质量发展的对策探讨：以邯郸市为例[J]. 企业改革与管理，2021（18）：62-

63.

[12] 李丹. 提升中小企业科技人才创新能力的对策分析[J]. 今日财富，2023（21）：59-61.

[13] 李正瑞，苗仁涛. 科技人才共享机制与实现路径[J]. 中国人事科学，2023（2）：31-40.

[14] 刘黎丽. 新形势下助力综合保税区发展的创新型人才需求及培养路径研究[J]. 中国市场，2023（31）：26-29.

[15] 柳贝贝，赵学礼，孔哲. 基于结构方程模型的产教融合背景下校企人才共享创新路径研究[J]. 北京经济管理职业学院学报，2022，37（1）：72-80.

[16] 彭川宇，李嘉芙，郑顺虹. 基于三维框架的城市群科技人才政策比较研究：以长三角城市群和成渝城市群为例[J]. 城市观察，2022，81（5）：80-96.

[17] 申晓伟. 校企合作 共筑未来：高职院校校企合作育人理论与实践研究[M]. 北京：中国广播影视出版社，2014.

[18] 史伟，杨群，陈志国. 新时期职业教育校企合作办学模式探索[M]. 天津：天津科学技术出版社，2018.

[19] 谭新雨，饶思敬. 上海加快战略人才力量建设研究[J]. 科学发展，2023（11）：5-13.

[20] 王烁. 如何优化促进地方发展的人才共享路径[J]. 人才资源开发，2022（24）：12-14.

[21] 吴凡，傅嘉钰. 粤港澳大湾区科技人才集聚与区域经济发展耦合协调关系研究[J]. 创新科技，2022，22（9）：60-69.

[22] 吴明珠，王欣欣，郭誉州，等. 新时代下新型财务人才共享模式研究[J]. 现代商贸工业，2022，43（7）：82-83.

[23] 谢剑虹. 职业院校校企合作研究的理论与实践[M]. 长沙：湖南人民出

版社，2017.

[24] 张敏. “一带一路”倡议下高校科技人才共享的现实困境与路向选择[J]. 中国高校科技，2022（9）：54-59.

[25] 赵晶晶. 以科学家精神赋能河南青年科技人才的创新路径[J]. 人才资源开发，2023（21）：15-16.